JN349674

종이위의 검은 문자
Black on White

종이위의 검은 문자
Black on White

살아있는 사람 책, 사람 책 도서관 이야기

일린(M. Ilin) 원저
권혜림·문진아·정다솜·정다은·최예슬 공역
이병기 감수

Black on White

The Story of Books

일린(M. Ilin) 원저
권혜림·문진아·정다솜·정다은·최예슬 공역
이병기 감수

BLACK ON WHITE

The Story of Books

M. ILIN

1932

Translated by Beatrice Kincead

Lippincott Company

Chicago

1928년 러시아 작가 일린이 지은 책을 1932년 킨시드가 영어로 번역하여 시카고에서 출판하였음. 저작권이 해제된 퍼블릭도메인의 보존과 열람 서비스를 제공하는 유네스코 아카이브(http://archive.org)로부터 원문을 획득하여 한글로 번역하였음.

역자 서문

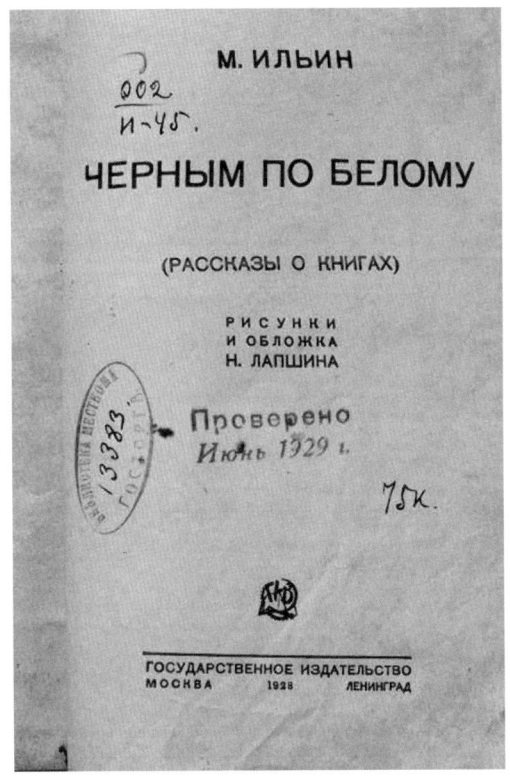

이 책은 1928년에 러시아의 아동문학 작가이자 과학소설가인 일린(Ilin)이 지은 책이다. 이 책의 원래 제목은 러시아어로 「Чёрным по белому: рассказы о книгах」이며, 이 책을 미국의 작가

킨시드(B. Kincead)가 번역하여 1932년에 「Black on White : The Story of Books」라는 제목으로 출판하였다.

이 책의 제목에서 알 수 있듯이 우리 인간이 어떻게 문자를 발명하였고, 책을 어떻게 만들어 발전시켜 왔는지 그 과정을 풀어놓은 이야기책이다. 또 문자와 책에 관한 이야기에 더해서 근래 도서관계에서 새롭게 등장하고 있는 사람 책, 사람 책 도서관에 관한 이야기를 흥미롭게 풀어 놓고 있다.

일린(러시아어 М. Ильин, 영어 M. Ilin, 1895-1953)의 본명은 일리야 마르샤크(Ilya Marshak)이다. 러시아의 젊은 엔지니어이자 아동문학 작가로서 「새로운 러시안 인의 유전형질」, 「시간이란 무엇인가? : 시계 이야기」라는 책을 썼다. 일린의 친형인 마르샤크

(Marschak)는 러시아의 유명한 시인이자 스토리텔러 작가이다. 일린과 마르샤크는 과학과 역사, 러시아 인의 삶에 대해 연구하는 문인협회의 회원으로서 아동 문학은 물론 공장 근로자나 부모를 위한 작품을 두루 남겼다. 일린은 복잡하고, 이해하기 어려운 기술이나 과학적 지식을 소설과 같이 알기 쉽게 풀이하여 이야기로 풀어내는데 탁월한 능력을 보였다.

최근에 도서관에 와서 '책'을 빌리는 것이 아니라 '사람'을 빌리는 휴먼 북 도서관이 만남과 소통의 장으로서 각광을 받고 있다. 살아있는 사람 책, 휴먼 북의 기원 혹은 출처가 어디일까 궁금하던 차에 인터넷에서 이 책을 발견하게 되었다. 유네스코 인터넷도서관으로부터 원문을 획득할 수 있었으며, 이미 60, 70년대에 일본은 물론 중국에서는 번역본이 출간될 정도로 널리 알려진 책임을 확인하였다. 이 책에는 살아있는 책, 사람 책 도서관에 대한 이야기가 생생하게 실려 있었다. 다소 늦었지만 이 책을 우리말로 소개하면 좋겠다고 생각하고 차일피일 미루던 차에 공주대학교 사범대학 문헌정보교육과 학생들에게 이 책을 소개하였다. 문헌정보교육과 학생들이 번역해 보겠다고 의견을 내어 흔쾌히 수락을 했고, 학생들이 번역한 초고를 일일이 대조하며 감수한 결과 한국어 번역본을 출간하게 되었다.

1932년에 출간한 책으로 이미 다 알고 있는 내용이라 생각할 수도 있으나 문자, 기록, 도서관의 역사에 있어서 우리가 생각하지 못했던 혜안과 통찰력을 주는데 부족함이 없는 책이다. 번역에 참여한 공주대학교 문헌정보교육과 학생(권혜림, 문진아, 정다솜,

정다은, 최예슬)들이 참으로 대견하고 자랑스러우며, 학창시절에 번역에 참여하여 출간까지 이르게 된 경험을 계기로 학문적인 즐거움과 지식 창조의 가치를 느낄 수 있기를 기대해 본다.

2016년 6월 초여름 연구실에서
공주대학교 문헌정보교육과 교수 이 병 기

들어가는 이야기

살아있는 사람 책 이야기

아주 오래전 이텔리우스(Itellius)라는 매우 부유한 남자가 로마에 살았습니다. 그는 아주 무식한 사람이었습니다. 이텔리우스는 만찬을 열어 교양있는 지식인을 초대하는 것을 좋아했습니다. 자연스레 만찬에서는 박식하고 재치 있는 대화들이 오갔죠. 그러나 그는 스스로 책을 읽어 교양인이 되려고 노력하는 대신에 그 대화에 뒤처지지 않으려는 꼼수만 궁리하였습니다. 결국 그는 200명 정도의 가장 똑똑한 노예들에게 유명한 책을 읽고 외우도록 시켰습니다. 그리고 교양있는 지식인들과 대화하는 도중에 모르는 부분이 생길 때마다 집사는 이 노예들에게 손짓을 했고, 그러면 그 노예는 앞으로 나아가 그가 외운 책의 내용을 암송했습니다.

이텔리우스는 아주 흡족했습니다. 그의 "살아있는 사람 책 도서관"은 로마의 화젯거리였죠. 그러나 어느 날 이 부유하지만 무식한 사람을 마을의 웃음거리로 만드는 일이 생겼습니다. 이 일로 인해 그는 더 이상 "살아있는 사람 책 도서관"에 의지하지 않고 그 스스로 책에 대해 공부하기로 했다고 합니다.

이텔리우스의 노예들이 공부했던 책들은 현재 우리가 읽고 보는 책의 모습이 아니었습니다. 그들이 공부했던 책은 '리본처럼 긴 끈으로 엮은 책(ribbon book)'이었습니다. 만일 이텔리우스가 로마가 아닌 바빌론에 살았더라면, 그의 책들은 점토판 책(clay book)이었을 것입니다. 이러한 소중한 책들은 모두 손으로 쓰였지만 쓰는 방법은 매우 다양하였으며, 이러한 책을 읽을 수 있다는 것은 아주 놀라운 일입니다.

아주 흔하고 평범한 종이가 2천 년 전에 중국에서 사용되었다는 것을 알고 있는지요? 지금은 사용하지 않지만 연필을 깎는데 "주머니칼"을 사용한 적이 있음을 알고 있나요? 고대 이집트인이나 아메리카 원주민들이 사용했던 그림문자에 대해 알고 있나요? 알파벳은 어떤 그림으로부터 발전해 온 것인지 알고 있습니까? 이 세상에서 책에 관한 이야기보다 더 흥미로운 것은 없습니다.

 목차

역자 서문 / 3
들어가는 이야기 / 7

제1장
- 살아있는 사람 책 ················ 11
- 살아있는 사람 책 도서관 ········ 14

제2장
- 기억보조장치 ···················· 21

제3장
- 말하는 물건 ····················· 27
- 고자질쟁이 종이 ················· 29

제4장
- 그림문자 ························ 33
- 사라진 원정대 이야기 ············ 37

제5장
- 수수께끼 문자 ··················· 47

제6장
- 문자의 이동 ··· 63

제7장
- 영원한 책 ·· 79

제8장
- 리본처럼 긴 끈으로 만든 책 ·················· 91
- 한 서기의 이야기 ··································· 99

제9장
- 밀랍 책 ·· 105

제10장
- 가죽 책 ·· 111

제11장
- 종이와 정복자 ······································· 125

제12장
- 책의 운명 ·· 139

제1장

살아있는 사람 책

가장 최초의 책은 과연 어떤 모습이었을까요? 인쇄된 책이었을까요, 아니면 손으로 직접 쓴 책이었을 까요? 종이로 만들어진 책이었을까요? 아니면 다른 재료로 만들어져있었을까요? 만약 그 책이 지금까지 존재한다면, 도서관에서 무엇을 발견할 수 있을까요?

옛날에 아주 바보 같은 한 남자가 있었습니다. 그 남자는 최초의 책을 찾기 위해 세계의 모든 도서관을 뒤졌죠. 매일매일 그는 오랜 시간이 흘러 누렇게 변하고, 아무렇게나 흩어져 있는 곰팡이가 핀 책 더미를 조사했습니다. 그의 옷과 부츠는 마치 험난한 길을 한참이나 걸은 것처럼 먼지로 뒤덮였습니다. 결국 그 남자는 책장에 기대어 놓은 높은 사다리에서 떨어져 죽음을 맞았습니다. 만약 그 남자가 백 살이 넘게 살았다고 하더라도, 그는 최초의 책을 찾을 수 없었을 겁니다. 최초의 책은 이미 그가 태어나기 수천 년 전에 썩어서 없어져 버렸기 때문이죠.

최초의 책은 지금 우리가 알고 있는 책과 전혀 다른 모습이었습니다. 심지어는 손과 발이 달려있었죠. 그리고 책장에 꽂혀있지도 않았습니다. 말도 할 수 있었고, 심지어 노래도 할 수 있었답니다! 한마디로 말해서, 최초의 책은 살아있었습니다. 바로 사람이었죠.

옛날 사람들은 글을 쓰지 않았습니다. 하지만, 그들의 기억력은 지금 우리들보다 훨씬 더 대단했습니다. 옛날 사람들은 말 그대로 살아있는 책이었어요. 옛날 사람들은 어렸을 때부터 부모님에게 또는 할아버지, 할머니에게서 말이 안 나올 정도로 멋진 옛날이야기들을 들었습니다. 그리고 어른이 된 후에는 부모가 되어서 또는 할아버지와 할머니가 되어서 아들, 딸들과 손자, 손녀들에게 이야기 해주었고, 그 멋진 이야기는 그렇게 계속해서 전해졌죠. 이 멋진 이야기는 입에서 입으로 전해지면서 조금씩 바뀌었습니다. 어떤 것들은 추가되기도 했고, 잊혀 지기도 했습니다. 이야기는 시간이 흐를수록 매끄러워지고 세련되어졌습니다. 마치 뾰족한 돌멩이가 흐르는 물에 깎여 동그랗게 변한 것처럼 말이에요. 한 용감한 족장에 대한 전설은 화살도, 창도 무서워하지 않는 한 거인의 동화로 바뀌었습니다. 그 거인은 늑대가 되어서 숲속을 돌아다니고, 독수리가 되어서 하늘을 날아다닐 수 있었죠.

그 당시에는 글이 없어서 편지나 책으로 이야기가 전해졌을 리 없는데도 신기하게 서로 멀리 떨어진 나라의 나이 든 이야기꾼들은 이 거인에 대한 동화를 여전히 이야기 하고 있었습니다.

옛날 옛적, 아주 먼 옛날에 그리스에서는 일리아드(Iliad)와 오디세이(Odyssey)를 노래하듯이 큰 목소리로 이야기 해주는 것이 유행이었습니다. 일리아드와 오디세이는 그리스인들과 트로이인들 사이의 전쟁에 대한 이야기로, 일리아드와 오디세이는 글로 적히기 훨씬 이전부터 사람들에게 입에서 입으로 전해져 불려지고 있었습니다.

그리스의 이야기꾼 가수

가수(이야기를 노래로 들려주는 사람을 a ė dos라 함)들은 언제나 연회장에서 환영받는 사람들이었습니다. 커다란 기둥을 마주보고 앉았고, 리라(악기의 일종)는 가수들의 머리 위쪽에 매달려 있었습니다. 연회가 막바지에 이르면 고기가 가득했던 커다란 나무쟁반이 비워졌고, 빵바구니도 비어버렸습니다. 두 개의 손잡이가 달린 황금 잔이 나오고, 만찬의 주인이 마시면, 다른 사람들도 황금 잔에 든 술을 들이켰습니다. 자, 이제 그들은 좋은 노래를 들고 싶어 하는군요. 그 때 이야기꾼인 가수들은 걸려 있던 악기의 현을 뜯으며 영악한 전략가이자 왕이었던 오디세우스와 전장에서 용감하기로 소문났던 아킬레우스에 대한 위대한 이야기를 노래로 부르기 시작했답니다.

가수들의 노래는 아주 훌륭했습니다. 하지만, 우리의 책이 가수들의 노래보다 훨씬 훌륭합니다. 왜 일까요? 우리는 아주 싼 가격으로 주머니에 쉽게 들어갈 수 있는 일리아드 한 권을 살 수 있습니다. 이 책은 우리에게 음식이나 목을 축일 수 있는 음료도 요구하지 않고, 병을 앓거나 죽는 법도 없으니까요.

다음의 이야기를 들으면 아마 더 쉽게 이해할 수 있을 겁니다.

살아있는 사람 책 도서관

옛날 옛적에 로마의 도시에 한 부자가 살고 있었습니다. 그의 이름은 이텔리우스(Itellius)였죠. 그의 엄청난 부유함에 대해 이런 저런 놀라운 소문이 돌았습니다. 그의 성은 너무 커서 도시 전체의 사람들이 모두 들어갈 수 있었습니다. 매일 매일 로마에서 가장 유명하고 박식한 300여명의 교양인들이 그의 식탁 주변으로 모여들었답니다. 식탁은 30개에 달했고, 황금비단으로 만들어진 아주 멋진 천으로 덮여 있었습니다.

　이텔리우스는 그의 손님들에게 아주 귀한 음식을 대접했습니다. 하지만 그 당시에는 손님을 즐겁게 해주기 위해서 아주 귀한 음식뿐만 아니라 재치 있는 대화와 토론을 나누는 관습이 있었답니다. 그 때에도 책들은 존재했습니다. 손으로 직접 쓴 책이었죠. 이에 박식한 교양인들은 연회에서 재미있는 이야기와 재치 있는 대화에 참여하여 손님들로부터 존경을 받을 수 있도록 오랜 시간 앉아서 손으로 쓰여 진 책을 열심히 읽었습니다.

　이텔리우스는 아주 부자였고, 필요한 것은 모두 가지고 있었습니다. 다만, 그가 부족했던 단 한 가지는 바로 교양이었죠. 그럼에도 거의 책을 읽지 않았습니다. 그의 식탁에서 즐겁게 식사를 하던 사람들은 조용히 뒤에서 그런 그의 무식함에 대해 조롱하곤 했죠. 그는 식탁 앞에서 대화나 토론에 참여하지 못했습니다. 만약 그가 대화에 끼어들기라도 하면 그의 손님들은 조롱하듯이 크게 웃었습니다.

　그는 이런 일을 참을 수 없었습니다. 하지만 그는 오랜 시간동안 앉아서 책을 보기에는 너무나도 게으른 사람이었습니다. 그는 어떤 일에도 열심히 노력하는 습관이라고는 가지고 있지 않았죠. 그는 이 문제를 어떻게 해결해야 할지 한참 동안 곰곰이 생각했고, 마침내 해결책을 찾았습니다. 그는 그의 집사에게 200명의 아주 똑똑하고 책을 읽을 수 있는 노예를 뽑으라고 명령했습니다. 그리고 그 노예들은 그들이 좋아하는 책 한 권을 정해서 읽고 공부해야 했습니다. 예를 들어, 한 명의 노예가 일리아드를 외운다면 다른 노예는 오디세이를 외우는 식으로 말이에요.

이 일은 집사에게 매우 힘든 일이었습니다. 그는 이텔리우스가 이제 그만하라는 지시가 떨어지기 전까지 노예들에게 수도 없이 매질을 해야 했습니다. 반면에 이텔리우스는 어떤 일도 할 필요가 없었습니다. 200명의 살아 있는 사람 책 도서관을 갖게 되면서 그는 더 이상 책을 읽으려고 노력할 필요도 없었죠. 연회에서 드디어 대화와 토론 시간이 돌아왔을 때, 그가 해야 할 일이라고는 집사에게 손짓을 하는 일 뿐이었습니다. 그러면 벽을 따라 조용히 줄지어 서있는 노예들의 무리에서 한 사람이 한 발짝 앞으로 나와 적절한 구절을 암송했답니다. 노예들은 이름 대신에 일리아드, 오디세이, 아이네이스 등 외우고 있는 책의 이름에 따라 불렸습니다.

이텔리우스는 아주 만족스러워했습니다. 그의 살아있는 도서관은 로마의 화젯거리였습니다. 하지만 그의 만족은 오래 가지 못했습니다. 어느 날 벌어진 한 사건으로 백만장자이지만 멍청했던 이텔리우스는 도시의 웃음거리가 되었습니다.

연회장에서 이루어진 대화와 토론은 평소처럼 온갖 학식과 교양이 넘치는 주제로 이어졌습니다. 연회에 참석한 손님들은 어떻게 고대의 사람들이 연회와 만찬을 즐겼는지에 대해서 이야기 하고 있었습니다.

"그것에 대해서라면, 일리아드에 아주 유명한 구절이 하나 있죠."

이텔리우스가 이야기하며 그의 집사에게 손짓을 해보였습니다.

하지만 집사는 노예들에게 손짓을 하는 대신에 무릎을 꿇으며 두려움에 가득 차 덜덜 떨리는 목소리로 입을 열었습니다.

이텔리우스와 그의 살아있는 사람 책 도서관

"죄송합니다, 주인님. 일리아드가 오늘 배탈이 났습니다!"

이 일은 2000년 전에 일어난 일입니다. 하지만 오늘날에도 많은 도서관이 있음에도 불구하고, 우리는 여전히 살아있는 사람 책 없이 살아가기 어려울 수 있습니다.

만약 우리가 책으로부터 모든 것을 배울 수 있었다면, 우리는 학교에 갈 필요가 전혀 없었겠죠. 우리에게 많은 것을 이야기해주고 설명해 주는 선생님들이 필요 없었을 겁니다. 그렇지만 우리는 책에게 어떤 것도 물어볼 수가 없습니다. 하지만 선생님께는 언제든지 우리가 이해하지 못하는 것들에 대해 설명해달라고 물어볼 수 있죠.

살아있는 사람 책은 여전히 우리에게 쓸모가 많지만 이텔리우스가 고용한 사람 책은 이제 전혀 쓸모가 없습니다. 사람들이 글을 쓰지 못했던 옛날에는 매일 방문하는 우편배달부 역시 없었습니다. 만일 중요한 소식을 전해야 하는 일이 생기면 옛날 사람들은 그들이 했던 말 하나하나를 그대로 반복할 수 있는 사람 전달자를 보냈습니다.

사람에 의한 정보 전달자

만약 아직까지 우편배달부 대신에 사람 전달자를 사용했다면 어땠을 까요? 우리는 아마 하루에 몇 백 개의 편지를 다 외울 수 있는 사람을 찾기 위해 애를 먹었을 겁니다. 그리고 만약 그런 사람이 있다고 하더라도 어쨌든 메시지를 정확하게 전달하는데 어려움이 있었겠지요. 한 번 생각해볼까요, 한 우편배달부가 존 스미스씨의 생일파티에 찾아왔습니다. 집 주인은 자신의 생일을 축하하러 온 손님을 기대하면서 문을 열었습니다.

"무슨 일이시죠?"

"스미스씨께 편지가 왔습니다. 편지의 내용은 이렇습니다.

친애하는 스미스씨께

진심으로 축하드립니다! 결혼하신지 얼마 되셨는지요? 오늘 12시에 법정에서 봅시다. 우리를 자주 방문해 주셨으면 좋겠어요.…"

존 스미스씨는 놀라움에 할 말을 잃었습니다. 하지만 수백 개의 편지가 그의 머릿속에서 모두 섞여 버린 불쌍한 우편배달부는 성이 난 기계처럼 계속해서 중얼거리고 있었죠.…

기억보조장치

나는 성격이 좋고 사람들에게 친절을 베푸는 한 노인을 알고 있습니다. 만약 여러분이 그를 직접 본다면 그의 나이가 80세라는 것을 절대 짐작할 수 없을 것입니다. 그의 눈은 빛나고 그의 양 볼은 생기가 있으며, 그는 마치 젊은이처럼 씩씩하게 걷기 때문입니다. 그 노인은 모든 것이 훌륭했습니다. 기억력을 제외하고는 말이죠. 그는 어딘가로 향합니다. 그리고는 그 곳에 왜 갔는지 이유를 잊어버리곤 했습니다. 나와 오랜 시간을 알고 지내왔지만 그는 내 이름을 잘 기억하지 못해서 종종 나를 잘못된 이름으로 부르기도 했습니다.

만일 여러분이 그에게 어떤 일을 부탁한다면 그는 여러분에게 그 일에 대해 반복하여 몇 번이고 물어보고 그것을 기억하려 애쓸 것입니다. 그리고는 그 일을 잊지 않기 위해 손수건을 매듭지어 묶음으로써 다시 한 번 그 일을 기억하려고 노력하였습니다. 그는 항상 손수건에 많은 매듭을 지어 가지고 다녔지만 이 매듭들은 그에게 조금도 도움이 되지 않았습니다. 그는 자신이 매듭지어 놓고 매듭의 의미를 알지 못했기 때문이죠. 기억력이 아주 좋은 사람이라고 하더라도 이런 매듭으로 쓰인 책을 이해하기란 어려울 것입니다.

만약 그 노인이 각각 다른 종류의 매듭을 지었는데, 그 각각의 매듭이 특정 문자나 단어를 표현한 것이라면 그 의미를 해석하는 것은 더 어려운 일이 될 것입니다. 그렇게 된다면 어느 누구도 매듭을 해독하여 노인의 기억을 도울 수 없을 것입니다.

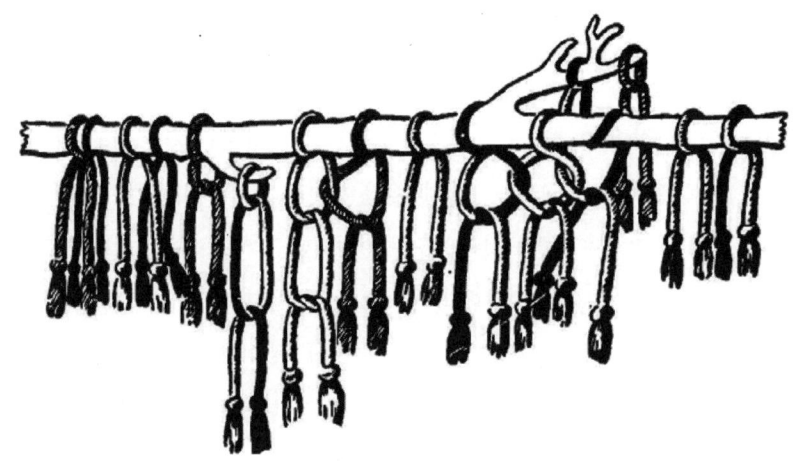

Knot-Writing / 결승(매듭) 문자

지금과 같은 문자를 사용하기 이전에는 결승(매듭)문자가 존재했습니다. 고대 중국에서도 글을 쓸 때 이러한 매듭문자를 사용했습니다. 페르시아인과 멕시코 사람들도 마찬가지였죠. 남미의 페루 원주민들은 특히 이런 매듭문자 글쓰기에 능숙했습니다. 오늘

날까지도 우리는 매듭언어를 알고 있는 페루의 양치기들을 볼 수 있습니다.

막대기에 가깝게 묶여 있는 매듭일수록 더 중요한 의미를 나타냅니다. 검정 매듭은 죽음을 뜻합니다. 흰색이나 은색은 평화, 빨간색은 전쟁, 노란색은 금, 초록색은 곡물을 뜻하죠. 만일 매듭이 아무런 색을 띄지 않는다면 한 개의 매듭은 10, 두 개는 100, 세 개는 1000과 같이 숫자를 나타냅니다.

이러한 문자를 읽는 것은 쉬운 일이 아니었습니다. 매듭문자를 읽으려면 여러분은 그 매듭 끈의 두께를 알아야 하고, 어떻게 매듭들이 묶여있는지 그리고 어떻게 그 문자가 배열되어 있는지를 알아야 합니다. 지금 우리 아이들이 알파벳을 배우는 것처럼 그 당시 페루 아이들은 매듭 알파벳인 '퀴푸(quipu)'를 배워야 했습니다.

다른 원주민인 휴런족(Hurons)과 이로퀴이족(Iroquois)은 문자를 나타내기 위해 매듭 대신에 형형색색의 조개껍질 구슬을 사용했습니다. 그들은 조개껍질을 갈아서 작고 평평한 구슬을 만든 뒤 그것들을 끈에 꿰어 매달았습니다. 그들은 이렇게 조개껍질 구슬을 이어 하나의 띠를 만들었습니다.

Wampum
조개껍질 구슬문자

이 조개껍질 구슬들은 매듭문자와 마찬가지로 검정색은 죽음, 불운, 위협과 같은 불쾌한 무언가를 의미하고, 흰색은 평화를 노란색은 금이나 공물을, 빨간색은 전쟁이나 위험을 나타냅니다. 이러한 색들은 오늘날에 이르기까지 그 원래 의미들을 지니고 있습니다. 하얀색 깃발은 이전에 평화를 상징했던 것처럼 여전히 평화를 상징합니다. 검정색은 애도를 상징하고 빨간색은 반란을 상징합니다.

해군에서는 깃발 알파벳(alphabet of flags)을 만들어왔고, 배와 배 사이의 통신 수단으로 이를 사용합니다.

그렇다면 철로와 기차 운행에서 사용하는 신호들은 어떤가요? 역시나 여기서도 색깔은 고유의 의미를 지니고 있습니다.

이처럼 조개껍질의 색깔을 이용하여 의미를 만들어내는 것은 쉬운 일이 아닙니다. 부족의 족장은 조개껍질 구슬 띠가 가득 들어있는 자루를 가지고 있습니다. 1년에 2번 이로쿼이족의 젊은이들은 조개껍질을 이용한 언어에 정통한 부족의 원로에게서 조개껍질의 비밀을 배우기 위해 숲 어딘가로 모입니다.

한 원시 부족이 다른 부족에게 전달자(메신저)를 보낼 때, 그는 "조가비구슬(wampum)" 띠를 가지고 갑니다. 그는 무지개 색으로 반짝이는 다채로운 색의 벨트를 들어 보이며, "족장님, 제 얘길 들으며 이 조개껍질들을 봐주세요!"라고 말할 것입니다. 그리고는 각 단어마다 조개껍질을 가리키며 그의 얘기를 해나갈 것입니다.

입으로 설명하는 것을 듣지 않고서는 조가비구슬을 이해하는 것은 어렵습니다. 한 줄에 흰색, 노란색, 빨간색, 검정색 4개의 조

Message Stick / 각봉

개껍질이 걸려있다고 생각해보세요. 그 문자는 아마 "당신의 부족이 우리에게 공물을 바친다면 우리는 여러분과의 동맹을 체결할 것입니다. 하지만 여러분이 이에 동의하지 않으면 우리는 전쟁을 일으키고 여러분을 죽일 것입니다."라는 뜻으로 해석할 수 있을 것입니다. 또는 "우리는 평화를 요구하고 여러분에게 금을 바칠 준비가 되었습니다. 만약 전쟁이 계속된다면 우린 죽게 될 것입니다."와 같이 조금 다르게 해석할 수도 있겠죠.

　오해를 막기 위해 조개껍질 문자를 쓰는 모든 원주민들은 그 스스로가 쓴 글을 가지고 가서 큰 소리로 읽어야 했습니다. 그 문자는 인간을 대신할 수 없었죠. 이는 단지 인간을 도와줄 뿐이었고, 그가 말해야 했던 것을 상기시켜줄 뿐입니다.

　이와 같이 기억을 돕는 보조 장치들은 많습니다. 예를 들면, 양떼 속에서 양의 수를 세거나 보관하고 있는 밀가루 포대 수를 세기 위하여 사람들은 막대기에 칼자국을 새겼습니다. 세르비아의 농부들은 여전히 회계장부나 청구서 대신에 이 막대기를 사용합니다. 한 농부가 외상으로 상인에게 밀가루 4포대를 샀다고 생각해보세요. 그는 영수증을 작성하는 대신에 작은 막대기를 매끈하게 문지르고 그 위에 4개의 칼자국과 한 개의 작은 자국을 냅니다. 그리고 그는 이 막대기를 길게 두 개로 갈라서 반은 상인에게 주고 나머지 반은 자신이 가집니다.

　외상값을 지불해야 할 때가 되면, 반쪽자리의 두 개 막대기를 하나로 합치죠. 막대기 위의 표시들이 외상값이 얼마인지 정확히 보여주기 때문에 속임수를 쓸 수 없게 됩니다.

　또한 사람들은 그렇게 막대기에 표시를 함으로써 하루 일과를 기록하기도 했습니다. 로빈슨 크루소는 무인도에서 표류할 때 막대기를 달력으로 사용했죠. 또한 미국 서부개척시대에 총잡이 악당들도 자신의 총에 표시를 새겨 그들이 죽인 희생자의 수를 표시하기도 했다 합니다.

말하는 물건

　매듭과 조개껍질의 의미를 해석하기 위해서는 교육을 받은 똑똑한 사람들이 있어야 했습니다. 매듭이나 조개껍질 대신 사건을 기록하거나 메시지를 보내는 데에 사용할 수 있는 더 단순한 방법이 있었죠. 만약 한 부족이 다른 부족에게 전쟁을 선포하고자 한다면 그 부족은 창이나 화살을 다른 부족에게 보낼 것입니다. 누구에게나 이 화살은 피비린내를 의미하는 아주 명백한 의미였죠.

A Peace Message / 평화의 메시지

만약 평화를 제안하고 싶다면 그들은 담배와 함께 담뱃대를 보내곤 했습니다. 원주민들 사이에서 담뱃대는 항상 평화를 상징했기 때문이죠. 부족끼리 평화에 대해 논의하고자 모일 때 각 부족의 추장들은 모닥불에 둘러앉습니다. 그들 중 한명이 담뱃대로 담배를 피우기 시작할 것이고 옆에 있는 다른 부족장에게 건네줍니다. 엄숙한 침묵 속에서 평화를 위한 담뱃대는 모두에게 돌아갈 것입니다.

옛날 사람들이 지금과 같은 문자를 사용하여 글을 쓰는 것을 배우기 전에는 사물을 문자로 사용했습니다. 고대 러시아 남부의 원주민인 스키타이인 들은 한때 페르시아 사람들에게 새, 쥐, 개구리 그리고 다섯 개의 화살로 이루어진 문자를 보냈습니다. 이 이상한 조합의 의미는 무엇일까요?

An Early Scythian Message / 초창기 스키타이인의 메시지

"페르시아 사람들이여! 여러분들은 새처럼 날 수 있고, 쥐처럼 땅속으로 숨을 수 있고, 개구리처럼 늪지를 뛸 수 있는가? 만일 그렇지 못하다면, 우리와 전쟁을 하려 하지 마라. 우리는 당신들이 우리의 땅에 발을 들여 놓는 순간 화살로 여러분들을 제압할 것이다."

우리의 문자는 이런 것에 비교하면 얼마나 간편하고 읽기 쉬운가요! 어느 날, 좋은 선물 대신에 죽은 개구리나 그와 같은 것들을 소포로 받는다면 어떨까요? 당연히 여러분은 누군가가 여러분에게 나쁜 짓을 한다고 생각할 것이고 절대로 농담이 아닌 심각한 문자라는 것을 알아챌 것입니다.

모든 사물을 문자로 사용하는 것이 우리에게 이상한 것처럼, 비문명인에게는 종이 위의 문자가 이상하게 느껴지겠죠. 여러분을 위해 '삼보'라는 이름을 가진 한 흑인의 이야기를 들려드리겠습니다.

고자질쟁이 종이

옛날에 삼보라는 흑인이 있었습니다. 그는 일생동안 한 번도 백인을 본적이 없었습니다. 그에게 백인은 우리에게 흰 까마귀만큼이나 희귀한 사람이었습니다. 그러던 어느 날 삼보는 백인을 보게 되었습니다. 그것도 한명이 아닌 여러 명을 말이죠. 여러 명의 백인들은 원주민 마을로 왔고 힘 쎈 젊은이들을 불러 모아 그들을 아주멀리 바다로 데려갔습니다. 백인들은 커다란 배안으로 삼보와 그의 친구들을 밀어 넣었습니다.

하루가 지나고, 또 하루가 지나고, 많은 날이 지난 후에야 삼보는 육지를 보게 되었습니다. 그러나 그곳은 그의 원주민 마을과는 전혀 닮지 않았습니다.

그들은 삼보를 흰색 벽돌집으로 데려갔습니다. 그곳에는 그와 같은 흑인들이 많이 있었지만, 그들은 전부 다른 곳에서 왔습니다. 삼보는 과민한 성격과 커다란 붉은 콧수염을 가진 잭슨 판사를 주인으로 모시게 되었습니다. 아침부터 밤까지 삼보는 부츠를 닦고 머리를 잡아당기는 백인 주인의 아이를 돌보았으며, 거만하고 살찐 요리사를 위해 시장에 가야했습니다.

하인이 주인한테 가져갈 치킨을 싸는 모습

어느 날 주인의 부인이 삼보를 호출하여 "삼보, 이것을 잭슨에게 갔다 줘라"라고 말한 뒤, 그에게 바구니와 흰 종이 뭉치를 건네주었습니다.

삼보는 심부름을 가는 길에 향긋한 냄새가 나는 바구니를 들여다보고 싶어 그 안을 엿보지 않을 수 없었습니다. 그 안에는 여러 개의 구운 치킨이 있었습니다. '어떻게 그 판사가 그것을 모두 먹을 수 있을까? 하나쯤은 없어져도 모를 거야.' 라고 생각하고 삼보는 땅바닥에 앉아 한 개를 집어 먹었습니다.

신나게 노래를 부르며 그는 주인 잭슨 판사가 있는 법정으로 갔습니다. 그 판사는 종이를 훑어보고선 바구니 안을 들여다보았습니다. 그는 종이를 다시 쳐다보면서 말했습니다.

"그런데 치킨하나가 어디 있지? 3개 밖에 없는데, 4개가 있어야 하는데, 어디 있나?"

삼보는 깜짝 놀랐습니다. 저 저주받은 종이가 그를 본 것일까요? 종이가 말을 한 것일까요?

삼보가 치킨을 먹는 동안 종이를 들고 있었던 것입니다. 그래서 다음번에 주인의 저녁을 가져다 줄 때 그는 더욱 조심하기로 결심했습니다. 그는 먹기 전에 종이를 돌 아래 숨겨놓았습니다. 그곳에서 종이는 아무것도 볼 수 없을 테니까요. 치킨을 다 먹고 삼보는 종이를 꺼내 즐거운 기분으로 길을 떠났습니다.

그러나 그 저주받은 종이는 악마에 쓰인 것이 분명했습니다. 왜냐하면 종이가 돌 아래에 있을 때에도 이 종이는 어떻게 해서든지 모든 것을 보고 판사에게 삼보의 무모한 행동을 알렸습니다. 모든 사람들 다시 말해서, 주인과 그의 부인, 심지어는 거만하고 살찐 요리사까지 삼보를 꾸짖었습니다. 그를 꾸짖지 않은 사람은 주인의 어린 아이뿐이었습니다. 그는 변함없이 환호성을 지르며 삼보의 널찍한 등을 타고 돌아다녔습니다.

사람들이 말하는 종이를 떠올리는 데에는 오랜 시간이 걸렸습니다. 사람들은 말하는 사물들을 그보다 일찍 떠올렸죠. 담뱃대는 그들에게 평화를 말해주었고, 창은 전쟁을 말하며, 화살그림은 공격을 의미했습니다. 말하는 사물들에서부터 말하는 종이로 발전하기까지는 수 천 년의 시간이 걸렸습니다.

고자질 쟁이 종이

그림문자

　종이와 연필을 가지고 있다면 글을 쓰는 것은 매우 쉬운 일입니다. 그러나 만일 여러분이 그 둘 중 하나라도 가지고 있지 않거나 26개의 알파벳 대신에 화살이나 담뱃대와 같은 것 밖에 없다면 글을 쓰는 것은 쉽지 않을 것입니다. 여러분이 누군가에게 '사냥하는 동안 호랑이가 세 명의 남성을 죽였다.' 라는 메시지를 알리고자 한다고 가정해보세요. 어떻게 할 건가요?

　여러분이 가지고 있는 것 중에는 살아있는 호랑이는 물론이고 죽은 사람의 시체도 없습니다. 여러분이 그것들을 가지고 있다 하더라도 그런 비일상적인 실물 문자를 전달하는 일은 어려운 일이죠. 하지만 여러분이 살아있는 호랑이를 보낼 수 없다면, 그 대신 호랑이 그림을 보내는 것은 어려운 일이 아닐 것입니다. 그래서 사람들은 실제 그것을 의미하는 사물들 대신에 그림 문자들을 보내기 시작했습니다. 왜냐하면 사람들이 그림 그리는 것은 이전부터 아주 익숙한 일이었기 때문입니다. 현재의 파리와 런던은 과거에는 털이 많은 맘모스와 북극 순록들이 돌아다녔고, 사람들이 동굴에 살던 시절이 있었습니다. 그 때 당시의 사람들은 그들이 잡은 야생동물의 뼈에 모든 종류의 그림들을 새겼습니다. 이러한 주술적인 의식으로 만들어진 동굴의 그림 속에서 우리는 고대부터 그림문자로 불리는 또 다른 그림들을 볼 수 있습니다. 그 중 어떤 것들은 넓적한 뼈 위에 새겨져 있고 다른 것은 나무 껍질위에, 또 다른 것은 순록의 가죽에 새겨있기도 합니다.

동굴속의 그림문자

이제 담뱃대를 보내는 대신에 그들은 담뱃대 그림을 보냈고, 화살 대신에 화살 그림을 보냈습니다. 이런 식으로 그들은 많은 것을 표현할 수 있었지만 결코 모든 것을 표현할 수 있던 것은 아닙니다.

예를 들면, 바람이나 삶, 용맹함, 행복과 같이 추상적인 것은 어떻게 그릴 수 있을까요?

그림문자

　오래된 문자를 조사하다 보면 우리는 사람들이 이런 어려움을 매우 현명하게 해결했음을 알게 될 것입니다. 원주민들은 바람을 부풀린 돛으로 나타냈습니다. 또한 삶을 뱀으로 나타냈는데, 이는 뱀이 영원히 산다고 믿었기 때문입니다. 용맹함은 사자나 독수리를 통해 나타냈습니다. 만일 원주민들이 행복한 사람을 나타내고자 한다면 그들은 거북이 그림 바로 옆에 사람 그림을 둘 것입니다. 왜냐하면 그들은 거북이가 행운을 가져다준다고 생각하기 때문입니다. 우리 시대에 미신을 믿는 사람들은 행운을 위해 말발굽을 그릴 것입니다.

A Picture Letter Found Near Lake Superior
미국 슈페리어 호수 근처에서 발견된 그림문자

　위에 있는 그림은 미국 슈페리어 호수 부근의 절벽에서 발견된 그림문자입니다. 이 그림문자를 읽는 것은 그리 어렵지 않습니다. 51명의 사람이 타고 있는 다섯 개의 기다란 카누는 호수를 건너는 원주민들을 의미합니다. 말을 타고 있는 남성은 그들의 족장임이 분명합니다. 침략은 3일 동안 지속되었는데, 이는 하늘을 의미하는 3개의 아치형 모양 아래에 그려져 있는 세 개의 해를 통해 알 수 있습니다. 검은 표범이라고 생각하기 쉬운 이상한 동물은 족장의 이름입니다. 원주민들은 그를 검은 표범이라고 부릅니다. 바닥에 있는 뱀은 3일의 전투기간 동안 아무도 죽지 않고 모두 살아 돌아왔음을 의미합니다. 이렇게 우리는 그림문자를 해석할 수 있습니다.

오래 전 한 작가는 자신의 책에 그림문자가 아주 중요한 역할을 했던 이야기를 담았습니다. 그 이야기를 여러분에게 들려드리고자 합니다.

사라진 원정대 이야기

"1837년이었지"

선장은 이야기를 시작했습니다.

"그 때까지만 해도 나는 아주 어린 선원이었소. 나는 조지 워싱턴이라는 증기선을 타고 미시시피를 항해하고 있었다오. 보일러가 폭발하는 바람에 침몰했던 그 배 말이오."

어느 날 뉴올리언스에서 우리의 증기선에 한 무리의 사람이 탑승했었소. 그 사람들은 지금은 아예 흔적도 없이 사라져 버린 늪지와 숲을 탐험하기 위해 보내진 탐험대였지. 그들은 전부 생기가 넘치는 젊은이들이었어. 탐험대의 대장만 혼자 중년이었는데, 그 무리 중에서 가장 신중한 사람이었지. 그는 농담을 좋아하지 않았고, 그냥 하는 일 없이 앉아서 작은 노트에 무엇인가를 계속 써내려가기만 했었소. 딱 봐도 꽤나 잘 교육받은 사람처럼 보였지. 그러나 나머지 대원들은 대장과는 달리 농담과 술을 좋아했고, 특히

나 경호원으로서 탐험대에 동참한 군인들은 더욱 그랬지.

그 일행이 배에서 내렸을 때, 배는 고요하고 텅 빈 것 같았지. 처음에야 그들에 대해 많이 얘기했지만 시간이 갈수록 우리는 그들을 잊어갔다오. 3-4개월 정도 흘렀을까, 정확히 얼마나 많은 시간이 지났는지 모르겠군. 그 당시에 나는 또 다른 증기선인 메두사호에서 일을 하고 있었지. 어느 날 회색머리의 나이 많은 승객이 나에게 다가와 물었소.

"당신이 조지 킵스요?"

"그렇습니다."

"당신은 조지 워싱턴호에 있었다고 들었는데."

"예, 그랬죠. 근데 왜 그것을 궁금해 하시는 겁니까?"

"그게…"

그가 말을 이었소.

"내 아들 톰이 그 배를 타고 탐험가들과 떠났었소. 그리고 내 아들과 모든 일행들이 사라졌지. 그들의 흔적을 전혀 찾을 수 없다오. 나는 지금 그들을 찾으러 갈 참이오. 어쩌면 내 아들은 병든 채 어딘가에 쓰러져 있을지도 모르지." 그 노인 승객을 쳐다보자 연민이 밀려왔지. 만약 그가 그 숲에 간다면 그는 열병에 걸리거나 원주민들에 의해 공격당할 것이 뻔했다오.

"설마 혼자서 찾으러 갈 생각이십니까?"

"아니오, 나는 나와 함께할 누군가를 찾을 생각이라오. 나와 함께 갈만한 사람을 소개해주지 않겠소? 함께만 가준다면 그 대가는 섭섭지 않게 지불할 생각이오. 필요하다면 나의 농장도 팔겠어."라며 그는 대답했지. 나는 잠시 생각한 후 입을 열었소.

"나라도 괜찮다면 지금 출발하시죠." 다음 날, 떠날 준비를 마친 뒤 우리는 해안가로 향했지. 권총과 소총, 텐트를 구입했고 원주민 가이드를 고용하였으며, 그 곳의 원주민들에 대해 어느 정도 조사를 마친 후 길을 떠났소.

우리가 몇 마일을 걸었는지 확실히 말하기는 힘들지만, 건장한 남성이었던 나도 매우 지쳤었소. 그 곳은 매우 습한데다가 늪지대도 많았지. 나는 노인에게 돌아가자고 설득하기 시작했지. 나는 "우리가 길을 잘못 들어선 것 같습니다. 만일 사라진 탐험대가 이 길을 따라갔다면 그들이 남긴 흔적들이 있을 거예요. 하지만 우리가 여행한 여러 날 동안 어떤 모닥불 흔적도 볼 수 없었지 않습니까?"라고 말했지. 가이드 역시 나의 말에 동의했소. 그 노인은 거의 포기하려 했지만 마음을 바꿨다오. 왜인지 아시오? 바로 하나의 놋쇠 단추 때문이었소. 그리고 결국 이 단추는 노인을 죽음에 이르게 만들었지.

우리는 잠시 쉬기 위해 숲 속의 작은 공터에 멈췄소. 원주민 가이드와 나는 모닥불을 피우고 텐트를 치기 시작했지. 노인은 그루터기에 앉아있었는데, 갑자기 그가 울부짖었소.

"존, 이것 보게! 단추야!"

내가 보기에도 그 당시 군인들이 착용했던 것이 틀림없는 단추가 있었지. 노인은 매우 흥분했소. 그는 단추를 바라보며 눈물을 흘렸소. 그 노인은 "이 단추는 내 아들 톰의 단추일세. 톰은 이것과 똑같은 단추를 가지고 있었다고! 이제 우린 그를 찾게 될 거야." 라고 울면서 말했소.

나는 그에게 말했지.

"왜 이 단추가 톰이 잃어버린 것이라고 생각하십니까? 그곳엔 8명의 탐험대가 있었습니다."

"아니야, 나와 싸우려 하지 말게. 이 단추는 톰의 것이 분명해!" 우리는 3일 이상을 그곳에 더 머물렀지. 이제 그 노인은 어떤 일이 있어도 돌아가려 하지 않았소. 나 역시 그에게 돌아가자고 설득하는 것을 그만두었지. 어쨌든 단추는 하나의 단서였으니 말이오.

그 다음 날 노인은 열병에 걸렸소. 열이 심해 몸이 불덩이 같았고 한기에 덜덜 떨었지만 그는 절대로 몸을 누이려 하지 않았지.

"서둘러야해, 톰이 날 기다리고 있을 거야…" 그가 말했소.

결국 그는 더 이상 버티지 못하고 의식을 잃었소. 마치 그가 내 아버지라도 되는 것처럼 2-3일 동안 그를 돌보았지. 언젠가부터 그는 나에게 그런 존재가 되어버렸던 거야. 그러나 나아진 것은 아무것도 없었다오. 그는 그 단추를 손에 꼭 쥔 채 눈을 감았소. 우리는 그를 그곳에 묻고, 왔던 길과는 다른 길로 발걸음을 돌렸소. 그리고 거짓말처럼 거기서 우리는 진짜 흔적들을 발견했지. 처음에 우리는 모닥불 흔적을 찾았고, 더 멀리에서 작은 깃발을 찾았소. 그 중 가장 흥미로운 것은 나무껍질이었소. 난 아직도 그 것을 가지고 있지.

선장은 뚜껑에 세 개의 돛이 달린 배 그림이 그려진 작은 박스를 꺼냈습니다. 그는 뚜껑을 열었고, 그 속에서 자작나무 껍질을 꺼냈지. 그 껍질에는 다음과 같은 그림이 그려져 있었습니다.

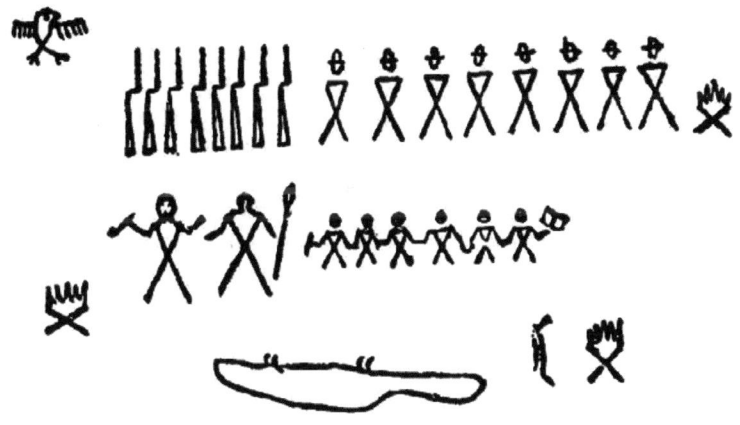

An Indian Message Written on Brichbark
자작나무 껍질에 쓰여 진 인디언 메시지

그 탐험대에 있던 인디언들 중 한 명이 이것을 그린 것이지. 이 탐험대는 길을 잃고 한참동안 숲속을 헤맸음이 틀림없었지. 탐험대와 함께했던 원주민 가이드는 자신들의 관습에 따라 이 자작나무 껍질을 숲속에 남겨두었던 것이었지. 그들에게 무슨 일이 일어났었는지에 대한 기록을 남기기 위해서 말이오. 이 껍질은 매우 눈에 잘 띄는 숲 속 나무에 고정되어 있었소. 나와 함께 했던 원주민 가이드는 나에게 그 문자의 의미를 설명해 주었지. 자작나무

껍질에는 8명의 남성과 그들 옆에 8개의 총이 그려져 있었는데, 그 그림은 8명의 군인을 나타내는 거였지. 톰은 그 중 하나였고 말이오. 6개의 작은 사람 모양의 그림은 탐험에 참여한 사람들을 나타냈지. 창을 들고 있는 남자와 담뱃대를 들고 있는 남자는 원주민 가이드를 표현한 것이었지. 모닥불은 그들이 야영했던 장소를 나타내는 그림이었고. 하늘에 다리를 뻗은 채 누워있는 비버 그림은 비버라는 이름을 가진 원주민들 중 한명이 도중에 죽었음을 의미한다고 원주민이 내게 말했소.

이 문자를 발견했을 때 나는 그 탐험대를 찾는 것을 포기하지 않기로 결심했지. 우리는 길을 따라 더 멀리 걸었고, 그렇게 1주일 만에 길을 잃은 그 탐험대 무리를 발견할 수 있었다오.

이 일이 있은 지 수년이 흘렀지만, 이 자작나무 껍질을 볼 때마다 나는 노인과 그 놋쇠 단추를 떠올린다오.

선장이 이 이야기의 작가에게 보여주었던 자작나무 껍질에는 하늘에 다리를 뻗은 채 누워있는 비버의 그림이 있었습니다. 원주민들의 무덤에서도 종종 그곳에 묻힌 사람이나 그의 종족을 나타내는 동물 그림을 발견할 수 있습니다. 예를 들어, 순록 그림이 그려진 묘비가 있다면, 이 묘비에 새겨진 그림을 통해 여러분은 그 아래 묻힌 원주민의 일생에 대해 알 수 있습니다. 그의 이름은 '걸음이 빠른 순록' 또는 이와 비슷한 의미를 담고 있음이 분명합니다. 그리고 엘크 사슴의 머리가 순록 아래에 그려있으므로 그는 유명한 엘크 사슴 사냥꾼이었음에 틀림없습니다. 그는 많은 침략과 전쟁에 참여했는데, 묘비에 새겨진 표시들이 얼마나 많은 침략과 전쟁이 있었는지 알려줍니다. 마지막 전쟁에서 그는 2달 동안 싸웠는데, 이는 두 개의 달과 돌도끼를 통해 알 수 있습니다. 그리고 하늘에 다리를 뻗은 채 누워있는 순록이 두 개의 달 아래 그려져 있는 것을 통해 그가 이 전쟁에서 죽었음을 알 수 있죠. 또한 태양 그림은 그의 죽음이 낮 동안에 일어났음을 알려줍니다.

한 원주민의 일생은 그의 몸을 통해서도 알 수 있습니다. 그들의 몸에 그림을 그리는 것은 많은 부족들의 관습이었습니다. 그들은 어린 시절부터 스스로 자신의 몸에 그림을 그리기 시작합니다. 그리고 그들이 노인이 되었을 때 그들의 모습은 사람이라기보다 많은 그림이 그려져 있는 조각보 이불처럼 보입니다.

An Indian Tombstone / 인디언 비석

Tattooing / 문신이 그려진 인디언의 몸

그들이 몸에 그림을 그리는 방법은 다음과 같습니다. 그들은 날카롭고 작은 침을 자신의 몸에 대고 누릅니다. 아픔을 참으면서 그들은 침을 그들의 살 속으로 찔러 넣습니다. 그리고 침으로 찌른 곳에 재를 넣어 몸에 그림을 그렸습니다.

폴리네시아 섬에 거주하는 원주민들의 모든 문신에는 의미가 있습니다. 그들의 가슴에 그려있는 얼굴은 신의 머리입니다. 오직 족장만이 이 상징을 그릴 수 있었습니다. 직선과 정사각형으로 이루어진 무늬는 전사가 참여한 탐험을 나타내며, 흰색 활과 검정색 소용돌이무늬는 적을 물리치고 승리한 기록을 나타냅니다.

자신의 몸에 그림을 새기는 것은 우리에게는 말도 안 되는 것처럼 보일 수도 있습니다. 그러나 스스로를 교양 있고 교육받은 사람으로 여기는 백인들 중에서도 폴리네시아인처럼 스스로를 치장하는 사람들이 많습니다. 그들은 자신의 직함을 나타내기 위해 몸에 그림을 그리는 대신에 수술이 달린 금장식 견장을 달고, 별 모양의 배지나 메달, 깃으로 장식된 모자를 썼죠. 이러한 장식은 원주민들의 몸에 그려진 그림처럼 그들의 소속, 직함, 보직을 말해줍니다.

제5장

수수께끼 문자

　많은 학자들은 수년간 고대 이집트의 사원과 피라미드 벽을 뒤덮고 있는 알 수 없는 그림의 수수께끼들을 해독하기 위해 노력했습니다. 알 수 없는 수수께끼와도 같은 그림 중 일부는 아주 이해하기 쉬웠습니다. 다양한 종류의 다른 직업에 종사하고 있는 사람들을 나타내고 있었기 때문이죠. 그들 중에는 서기도 있었습니다. 서기는 그들의 손에 두루마리를 들고, 갈대 펜을 그들의 귀 뒤에 꽂고 있는 모양으로 그려졌죠. 상인들은 목걸이와 향수들, 깻묵(가축들의 사료), 그리고 물고기를 팔고 있었습니다. 유리컵을 만들고 있는 직공도 있었고, 금팔찌와 금반지를 만들고 있는 보석상인도 있었습니다. 또한 파라오의 마차 앞에서 가죽 방패를 들고 가로세로 정확하게 열을 맞춰 달려가는 전사들도 있었습니다. 만약 여러분이 이 그림을 본다면 여러분은 이집트 사람들의 작업장이 어떻게 생겼는지, 시장에서 어떻게 물건을 사고팔았는지, 그리고 왕족의 행렬이 어떤 모습이었는지 쉽게 그림을 그릴 수 있을 것입니다.

하지만 몇 천 년 전에 살았던 사람들의 삶을 나타내고 있는 이 그림은 누구나 쉽게 이해할 수 있는 것이 있는가 하면 정확한 뜻을 알 수 없는 수많은 다른 그림들과 상징들로 둘러싸여 있었습니다.

이러한 이집트의 고대 건축물에는 뱀과 부엉이, 매, 거위, 새의 머리를 가진 사자, 연꽃, 손, 머리, 쭈그리고 앉은 사람들과 머리 위로 손을 번쩍 들어 올리고 있는 사람들, 풍뎅이 그리고 야자수 등이 조각되어 있었습니다. 고대 이집트인들은 책에 글을 쓸 때처럼 이 그림들을 일정한 간격으로 나열했습니다. 또한 그림으로 나타낼 수 있는 모든 것들, 예를 들어, 사각형, 삼각형, 원, 고리 등 수많은 기하학적인 그림들 역시 벽에 새겨진 이 조각들에서 찾아볼 수 있습니다. 고대 건축물의 벽에 새겨져 있는 모든 것을 일일이 열거하기 어려울 정도로 많습니다.

"상형문자(hieroglyphics)"라고 불리는 신비한 기호 뒤에는 몇 세기 동안 축적된 이집트인들의 방식과 풍습이 숨겨져 있습니다. 많은 학자들이 상형문자의 의미를 해석하기 위해 오랜 시간 매달려 많은 노력을 했으나 그 의미를 해석해낼 수 없었죠. 고대 이집트인들의 후손인 콥트인(Copts: 이집트에 사는 고대 이집트인의 자손으로서 콥트 교회를 따르는 사람들)들은 도움이 되지 못했습니다. 그들은 아주 오래 전에 선조의 문자를 잊어버렸기 때문이었죠. 하지만 마침내 수수께끼에 쌓여 있던 상형문자의 비밀이 밝혀졌습니다.

이집트 고대 건축에 새겨있는 조각

1799년, 나폴레옹(Napoléon Bonaparte) 사령관의 명령에 의해서 프랑스 군인들은 이집트 연안에 상륙했습니다. 나폴레옹 군인들은 로세티 근처에 참호를 파고 있었는데, 한 군인이 그리스어와 이집트어의 두 가지 언어가 새겨진 아주 커다랗고 판판한 돌을 발견했습니다. 이 발견에 학자들이 얼마나 열광했을지 상상이 가시 나요!
　드디어 학자들은 상형문자를 해독할 수 있는 결정적인 단서를 발견하게 된 것입니다. 이제 그들이 해야 할 일이라고는 그리스어와

유럽인들 상형문자의 결정적인 단서를 발견하다

이집트인들의 문자를 비교하는 일 뿐이었고, 곧 그 비밀이 밝혀질 것처럼 보였습니다. 하지만 그들 앞엔 실망만이 기다리고 있었죠.

학자들은 처음에 이 문자를 각각의 단어에 대해 각각의 다른 그림으로 표현한 단순한 그림문자라고 생각했습니다. 하지만 그들이 그리스어 단어와 상형문자를 하나하나 맞추려고 했으나 그들의 예상처럼 딱딱 들어맞지 않았죠.

그 후 25년이 지났습니다. 프랑스의 학자 장 프랑수아 샹폴리옹(Jean-François Champollion)이 아니었다면 지금까지도 상형문자를 읽을 수 없었을지도 모릅니다. 샹폴리옹은 몇 개의 이집트 문자들이 작은 타원 테두리로 둘러싸여 있음을 발견했습니다. 이 돌에 새겨진 몇 개의 이집트 그림(타원으로 둘러싸여 있는 그림)은 이집트의 파라오(왕) 프톨레마이오스(Ptolemy)의 이름을 나타내고 있었습니다.

상형문자 - 프톨레마이오스

이러한 사실을 통해 샹폴리옹는 타원으로 둘러싸인 단어가 프톨레마이오스를 의미하고 있음을 알았습니다. 이 그림은 바로 문자였던 것입니다. 아래에서 보는 것처럼 각각의 그림이 갖는 의미를 알 수 있습니다.

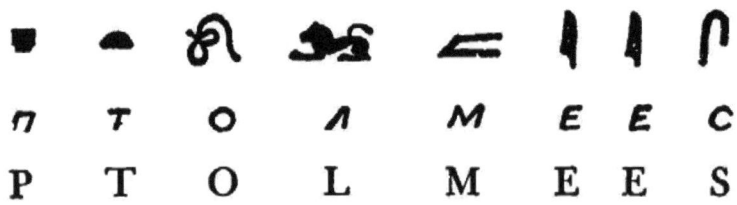

상형문자 알파벳

하지만 이건 단순한 추측일 뿐이었습니다. 이 상징들은 문자가 아니라 완전히 다른 무언가를 뜻하는 것인지 모르는 일이었습니다. 샹폴리옹은 반드시 이 기호의 의미를 확인할 수 있는 방법을 찾아야만 했습니다. 그리고 행운은 그에게 자비를 베풀었죠. 파일리 섬에서 두 가지의 언어가 새겨져 있는 오벨리스크가 발견되었습니다. 이 오벨리스크에서는 타원으로 둘러싸인 그림문자가 자주 발견되었죠.

타원으로 둘러싸인 문자

샹폴리옹은 이 그림문자 중 그가 알고 있는 몇 개의 글자를 확인했고, 각각을 대응하여 아래와 같은 글자를 얻었습니다.

상형문자의 소리값

샹폴리옹이 이 글자를 그리스어와 비교했을 때, 오벨리스크에 새겨진 타원으로 둘러싸인 글자는 "KLEOPATRA"라는 것을 발견하고 너무 기뻐했습니다. 이는 곧 그의 추측이 맞았다는 것을 증명하는 것이었으니까요. 타원형의 틀 안에 들어 있는 그림들은 단어를 의미하는 것이 아니라 글자 사이를 구분해주는 역할을 했습니다. 샹폴리옹은 그런 방법으로 다음의 11개의 알파벳들을 찾을 수 있었습니다.

p, t, o, l, m, e, s, k, a, t, r.

하지만 샹폴리옹이 이 11개의 알파벳들을 가지고 타원으로 둘러싸인 틀 안에 들어있지 않은 단어들을 해독하려고 했으나 의미를 해독하는데 실패 했습니다. 수년이 흐른 뒤에 이 근거는 명확해졌습니다. 샹폴리옹이 발견한 11개의 글자들은 오직 이집트인들이 이름을

제5장 53

쓸 때에만 사용했습니다. 그리고 이름이 아닌 단어들은 다른 온갖 방법으로 썼다는 것이죠. 이집트인들에게 상형문자는 일종의 그림 맞추기(rebus)와 같았습니다. 어떤 그림은 그림 하나가 단어 전체를 의미했고, 어떤 그림은 단순히 음절을 구분할 때 사용했으며, 또 다른 그림들은 하나의 글자로 사용하기도 했죠. 자, 이 그림 맞추기를 한 번 봅시다. 이집트인들은 이렇게 상형문자를 사용했습니다.

상형문자의 알파벳

위에 있는 그림들은 글자를 나타냅니다. 눈은 알파벳 "I"를, 하프는 "H", 창틀은 "A", 꽃병은 "V", 독수리는 "E"를 나타냅니다. 또 어떤 그림은 "can"이라는 한 음절을 나타낼 수 있고, 어떤 그림은 하나의 단어인 "book"을 나타낼 수도 있죠. 문자 "I"가 어떻게 표현되는지 알아차리셨나요? 사람의 눈을 나타내는 그림이지만 사실은 "사람의 눈"이라는 의미가 아니라 "문자 I"를 나타냅니다.

이집트인들은 의미를 표현할 수 없는 단어를 나타낼 때 자주 이런 방법을 사용했습니다. 대표적인 예로 풍뎅이(beetle)라는 단어를 살펴볼까요? 이집트인들은 풍뎅이라는 단어를 HPR(이집트인들은 절대로 모음을 사용하지 않음)이라고 썼습니다. 하지만 이집트인들은 동사 "-이다(be)" 역시 hpr이라고 썼죠. 그래서 언제든지

"-이다"라는 단어를 쓰기 위해서 이집트인들은 풍뎅이 그림을 그려 넣었습니다.

여기 이집트인의 상형문자 일부가 있습니다.

그림문자가 소리를 나타내는 알파벳으로 발전

이집트인들은 인디언들처럼 하나의 의미를 하나의 그림으로 표현한 글을 쓰던 때가 있었습니다. 하지만 이건 매우 오래 전 일이었죠. 아주 조금씩 그림은 소리(음절)를 나타내기 시작했고, 마침내 알파벳 글자 하나를 나타내는 데에 사용되었습니다. 이러한 상형문자에서부터 계속해서 발전된 문자는 현재 우리가 사용하는 문자의 형태를 가지게 된 것입니다. 몇 천 년에 걸쳐 이집트인들의 상형문자는 나일 강의 둑에서 러시아의 평원으로 전해졌습니다.

고대 페르시아인의 문자를 어떻게 해독하게 되었는지는 이집트의 상형문자에 대한 이야기 보다 훨씬 흥미롭습니다. 페르시아 인들은 그들의 이웃이었던 바빌로니아인처럼 점토판 위에 작은 막대기로 글자를 썼습니다. 하나의 짧은 선은 쐐기 모양이었고, 이러한 특징 때문에 이 문자는 쐐기문자(또는 설형문자)라고 불렸습니다.

쐐기문자

    학자들은 이 쐐기문자를 해독하기 위해 많은 시간을 보냈으나, 쉽지 않았고 모두가 이 이상하고 특이한 쐐기 모양의 의미를 밝혀낼 수 있다는 희망을 포기할 즈음에 그 의미를 밝혀낼 수 있는 단서가 발견되었습니다. 그 단서를 발견한 사람은 쐐기 문자를 해독해 낸 독일의 학자 그로테펜트(Grotefend)였습니다. 쐐기문자를 해독해내는 일은 이집트의 상형문자를 해독하는 일보다 훨씬 어려운 일이었습니다. 그로테펜트에게는 두 개의 언어로 쓰여 진 커다랗고 판판한 돌도 없었으니까요.

페르시아 왕들의 유물을 연구하던 중, 그는 모든 유물에 특정한 단어가 계속해서 반복되고 있다는 것을 발견했습니다. 그로테펜트는 이 단어들이 "페르시아 왕"이나 그와 비슷한 뜻을 의미할 것이라고 추측했죠. 그리고 "왕"이라는 단어 앞의 단어들은 왕의 이름을 나타낼 것이라고 추측했습니다. "키르 왕" 처럼요.

어떤 유물에는 이 단어가 7개의 쐐기 모양으로 표현되어 있었습니다.

그로테펜트는 키르(Kir), 다리우스(Darius), 크세르크세스(Xerxes), 아르타크세르크세스(Artaxerxes) 등 모든 페르시아 왕들의 이름을 떠올렸고, 이 모든 이름을 쐐기문자와 맞춰보려 노력했습니다. 다리우스라는 이름은 고대 페르시아어로 "다리부쉬(Darivush)"라고 썼고, 이 단어에 맞는 쐐기 문자는 바로 이것이었습니다.

D A R I V U SH

다리우스를 표기한 쐐기문자

이제 그로테펜트는 그가 밝혀낸 7개의 쐐기문자를 가지게 되었고, 이 글자들로 다른 단어도 알아맞힐 수 있었죠.

《《||　ΓΓ　|(-　ﬀﬀﬀ　ΞΓ　ΓΓ　ﬀﬀﬀ
　SH　　I　　A　　R　　SH　　A

쐐기문자의 소리 값

오직 첫 번째 글자만 알 수 없는 문자였습니다. 하지만 이 글자가 K이고, 크시아르샤(KSHIARSHA) 즉, 크세르크세스를 나타내는 단어라는 것을 추측하는 일은 그로테펜트에게는 그리 어려운 일이 아니었습니다.

이렇게 문자를 해독할 수 있는 결정적인 단서가 발견 되었습니다. 재미있는 점은 이집트 문자를 해독한 샹폴리옹과 쐐기 문자를 해독한 그로테펜트 모두에게 왕의 이름이 문자를 해독하는 결정적인 단서가 되었다는 점이죠.

마침내 그로테펜트는 다른 글자들도 해독해냈습니다. 모든 유물에서 나타났던 왕의 이름의 앞에 있던 글자들은 그가 처음에 추측했던 것처럼 왕의 업적을 기리는 칭호인 것으로 밝혀졌습니다. "다리우스, 위대한 왕이자 왕 중의 왕, 페르시아인을 다스리는, 모든 인간의 왕" 처럼 말이죠.

그렇게 페르시아 문자는 해독되었습니다.

여기서 우리가 반드시 짚고 넘어가야할 사실이 있습니다. 바로 쐐기문자는 페르시아 인이 만든 것이 아니라, 바빌로니아인이 만든 것을 가져온 것뿐이라는 사실이죠. 바빌로니아인들은 모든 고

쐐기문자의 변화

대인들이 그랬듯이 문자 대신 그림을 그려서 기록했습니다. 예를 들어, 원을 나타내기 위해 정사각형을 그려서 사용했고, 시간이 흐른 후에 이런 모양들은 전체 단어 대신 오직 단어의 첫 번째 음절을 나타내는 데 사용되었습니다.

페르시아인은 바빌로니아인의 쐐기문자를 더욱 간단하게 만들어서 하나의 그림이 한 글자를 나타내도록 하였습니다.

이 신비한 문자들은 수천 년 동안 자신들의 의미를 해독해낼 수 있는 사람이 나타나기만을 기다려왔습니다. 샹폴리옹과 그로테펜트가 상형문자와 쐐기문자의 비밀을 해독한 이후로 많은 사람들이 새롭고 흥미로운 문자를 배울 수 있었습니다.

하지만 모든 수수께끼와 같은 문자가 해독된 것은 아닙니다. 어느 누구도 아직까지 시리아나 소아시아 등 히타이트족(Hittites)의 통치 하에 있던 곳에서 발견된 사자상이나 스핑크스에 새겨진 글자를 해독하는데 성공하지 못했거든요. 우리가 알고 있는 히타이트족에 대한 정보들은 이집트인들이 남겨놓은 것들뿐입니다. 우리가 히타이트족의 문자를 읽어낼 수 있을 때 비로소 과거의 잊혀진 민족, 히타이트 족에 대해서 알 수 있게 될 것입니다.

하지만 문자를 읽어내는 것만이 전부는 아닙니다. 만약 샹폴리옹이 콥트인들의 언어를 아예 모르고 있었다면(콥트인들은 고대 이집트인들의 후손이었고, 콥트인들의 언어로부터 우리는 고대 이집트 언어에 대한 아이디어를 어느 정도 파악할 수 있었기 때문이죠), 샹폴리옹은 이집트 언어로 쓰여진 퍼즐 조각을 이해할 수 없었을 것입니다.

에르투리아 문자 (읽는법은 알려져 있으나 의미는 해독하지 못하고 있음)

우리는 여전히 이탈리아의 고대 토착민인 에트루리아인(Etruscans)의 문자를 해독하는 데 심각한 어려움을 겪고 있습니다. 그들의 글자는 그리스어와 매우 비슷해서 새겨진 글의 단어를 판독하는 것은 어렵지 않았습니다. 다만 누구도 에트루리아인들의 언어를 몰랐죠. 결국 에트루리아 언어로 새겨진 글의 의미는 여전히 밝혀지지 못했습니다.

이게 얼마나 안타까운 일인가요! 이 고대 문자들을 가지고 있고, 심지어 읽는 것도 가능한데 그들이 무슨 말을 하는지 이해할 수가 없다니 말입니다. 아주 많은 흥미로운 수수께끼들이 풀리지 않은 채로 남아있습니다! 또 얼마나 많은 발견들이 여러분들의 삶에서 이루어질까요?

문자의 이동

상형문자는 서서히 표의문자로 변화했습니다. 그러나 일부는 상형문자를 현재까지도 사용하고 있습니다. 예를 들어, 중국인들은 유럽에서 문자를 사용하기 훨씬 이전부터 문자를 사용했음에도 불구하고 여전히 문자의 초기 형태인 상형문자를 함께 사용하고 있습니다. 문자 외에도 종이, 화약, 도자기, 인쇄술은 유럽에 전해지기 아주 오래전부터 중국 곳곳에 널리 퍼져 있었습니다.

그리고 우리 역시 상형문자를 전혀 사용하지 않는 것은 아닙니다. 손가락으로 방향을 지시하는 손, 또는 화살표, 고압전류가 흐르는 전봇대에 붙어있는 빨강색 지그재그 주의표시, 독이 들어있는 병에 있는 액스자 표시 해골 등은 "이쪽 길로 가시오.", "여기를 주의하시오", "이것은 독이에요!"라는 단어 또는 문장을 나타내는 상형문자입니다.

상형문자가 표의문자보다 더 유용한 경우도 있습니다. 특히, 중국인들에게 상형문

한자 (높을 고)

자는 꼭 필요하죠. 중국인들은 표의문자가 상형문자를 대신하는 것을 원하지 않을 뿐만 아니라 이것이 불가능한 일이라고 생각하고 있습니다.

한자는 매우 특이한 언어입니다. 매우 적은 단어를 가지고 있고, 모든 단어가 매우 짧고 한음절로 이루어지죠. 전 세계의 모든 단어들은 하나의 단어가 다양한 의미를 지니고 있습니다. 현재 사용되는 영어 단어에도 통용되는 사실이죠. 그 예로, 단어 fast는 두 가지 의미를 가집니다. "이것은 빨리 굴러간다."라는 의미이기도 하고 "이것은 단단히 붙어있다."라는 의미도 있습니다.

그럼에도 중국인들의 모든 단어는 서로 다른 의미들을 가지고 있습니다. 문자로는 어떻게 표현되었을까요? 처음엔 불가능한 일 같았지만, 중국인들은 이 난관을 헤쳐 나갈 방법을 생각해냈습니다. 예를 들어 "주(舟)"라는 단어를 봅시다. 이 단어는 배(ship), 수다(garrulity), 큰불(conflagration), 물동이(basin) 그리고 솜털(down)이라는 의미를 가지고 있습니다. 이 단어를 글자로 표현하기 위해서 중국인들은 항해하는 배의 돛대 모양을 그림으로 그렸습니다. 그리고 배(ship)를 뜻하는 단어로 사용하였습니다. 배(舟)를 뜻하는 단어의 오른쪽에 입모양(口)의 그림을 더해 수다(garrulity)라는 의미를 표현하고, 불모양(火)의 그림을 더하면 큰불이라는 의미를 만들었고, 물을 의미하는 그림(氵)을 더하면 물동이(basin)의 의미가 되도록, 그리고 깃털(羽)을 더하면 솜털(down)의 의미가 되도록 했습니다.

중국인들은 점차 상형문자를 보다 편리하게 쓸 수 있도록 글자를 단순화 했습니다. 그림과 유사한 상형문자를 긋고 삐친 검은 색의 한 획 한 획으로 단순화하다 보니 글자에서 사람, 말, 별, 해, 달의 실제 모습은 점차 사라지게 되었습니다. 중국의 문자에서는 아직도 그림의 흔적이 남아있으나 우리의 문자에서는 그림의 형상을 찾아 보기 어렵습니다.

Ship	舟
Garrulity	舠
Conflagration	舩
Basin	舥
Down	翂

기존의 문자를 응용하여 새로운 글자를 만드는 한자

현재 우리가 사용하고 있는 대부분의 문자들은 원래 실제 사물을 본 뜬 그림에서 유래했다는 사실이 믿겨지나요? 사냥감의 흔적을 쫓는 사냥꾼처럼 학자들은 원래의 그림들이 문자로 바뀌기까지의 과정을 조금씩 밝혀내고 있습니다. 하나의 문자는 한 나라에서 다른 나라로 전파되었습니다. 상형문자는 이집트에서 시작되었습니다. 이집트인들은 아주 오래전부터 그들의 생각을 표현하기 위해서 그림을 사용했습니다. 그러나 곧 그들은 그림으로는 모든 의미를 표현할 수 없다는 사실을 깨닫게 되었습니다. 예를 들어 봅시다. 여러분은 자신의 이름을 그림으로 표현할 수 있나요? 만약에 여러분의 이름이 사물이라면 충분히 가능한 일입니다. 여러분은 단지 그 사물을 그리면 될 테니까요. 인디언들은 '빅 비버'라는 사람의

⊙	日	Sun
☽	月	Moon
⛰	山	Mountain
〰	水	Water
火	火	Fire
木	木	Tree
犬	犬	Dog
馬	馬	Horse
子	子	Child
👁	目	Head

그림을 단순화한 한자

이름을 쓸 때 실제 비버라는 동물의 그림을 그렸습니다. 이와 비슷하게 미국인들은 우드베리(Woodbury)라는 지명을 표현할 때 레부스(rebus; 그림 조합으로 새로운 대상 표현)를 적용했습니다. 줄지어 선 나무로 숲을 표현하고 그 위에 산딸기 그림을 넣는 식으로 말이에요. 그러나 사람의 이름이 사물과 동일하지 않을 때는 어떻게 해야 할까요? 만약 여러분이라면 피터나 존의 이름을 어떻게 표현하시겠습니까? 점차 이집트인들은 알파벳 문자를 만들기 시작했고, 한 그림이 한 단어를 표시하는 상형문자에 더하여 25개의 알파벳을 만들었습니다. 그들의 알파벳 원리는 간단했습니다.

이집트인들이 표현한 입술모양은 입술 그 자체를 의미하기도 하지만, 이집트 말로 입을 뜻하는 "ro"에서 소리를 가져와 입술 모양은 r이라는 소리를 나타내기 시작했죠. 입술모양은 입이라는 의미와 동시에 r이라는 소리를 내게 된 것입니다. 이런 식으로 이집트의 상형문자 중에는 알파벳으로 사용하기 시작한 것도 있습니다.

이집트인들은 예전의 상형문자 방식과 더불어 소리를 나타내는 알파벳 방식을 함께 사용했습니다. 처음에는 알파벳 단어를 쓰고 그 옆에 단어를 나타내는 그림을 함께 표시했던 것입니다. 처음에는 이집트인들이 상형문자가 아닌 알파벳 문자의 사용에 완전하게 적응하지 못하고 있었음을 보여주고 있습니다. 예를 들어, 이집트인들은 책(book)을 의미하는 알파벳 문자 TN이라는 단어 옆에 실제 책의 그림을 그린 것입니다. 또한, 물고기(fish)를 의미하는 AN이라는 단어를 쓸 때에도 역시 물고기 그림을 옆에 그리고는 했죠.

단순히 이집트인들이 알파벳 문자를 사용하는 것에 익숙하지 않았기 때문에 문자 옆에 그림을 그려 넣은 것은 아니었습니다. 그들이 문자 옆에 그림을 그려야만 했던 또 다른 이유가 있었죠. 이집트 말에는 중국어처럼 다른 의미인데도 불구하고 똑같은 문자를 사용하는 많은 단어들이 있었습니다. 이로 인한 혼란을 피하기 위해서 모든 이집트 단어들은 그 단어가 어떤 의미인지를 보여주는 표식을 가져야만 했고, 책이나 물고기의 그림은 바로 그 표식이었죠. 만약 이러한 표식들이 없었다면 수많은 오해가 있었을 것 입니다. 이집트 문자에는 모음을 나타내는 문자가 없었기 때문에 자음만을 사용해서 딱정벌레를 표현하는 단어인 heper를 hpr로 썼습니다. 만약 우리도 글을 쓸 때 어떠한 모음도 사용하지 않는다면 우리도 역시 이집트인들처럼 표식을 사용해야 했겠죠.

이해를 돕기 위해 다른 예시를 들어볼까요? 모음을 사용하지 않은 fll이라는 단어를 살펴봅시다. 이 단어는 fall, fell, fill, 그리고 full 이라는 네 가지의 다른 방법으로 읽혀질 수 있을 것입니다.

이러한 현상은 우리에게 왜 이집트인들이 문자의 옆에 그림을 사용해야만 했는지 설명해줍니다.

문자의 사용을 생각해낸 사람이 알파벳을 그대로 사용했으면 되었을 것이라고 생각할지도 모릅니다. 하지만 실제로는 전혀 그렇지 않았습니다. 이집트인들이 문자를 만들었을 때 알파벳은 발명되지도 않았기 때문이죠. 이집트의 파피루스 책이나 사원의 돌 벽에서 우리는 하나의 그림으로 전체 의미를 나타내는 상형문자와 알파벳 문자로 소리 나는 대로 표현한 단어를 함께 볼 수 있습니다.

처음 알파벳을 발명한 것은 이집트인들이 아니라 그들과 적으로 싸우던 셈족이었습니다. 약 4000년 전에 이집트는 동쪽의 아라비아로부터 나일 강의 계곡으로 쳐들어 온 힉스의 셈족에 의해 정복당했습니다. 약 백여 년 동안 힉스의 왕이 이집트를 지배했습니다. 그들은 이집트인들로부터 글을 쓰는 방법을 배웠고, 모든 단어를 알파벳 문자로 쓸 수 있다는 사실을 발견했습니다. 힉스의 셈족이 만든 세계 최초의 알파벳은 이집트인들의 모든 상형문자에서 오직 스무 개만을 가져왔습니다. 셈족은 아주 간단한 방법으로 상형문자를 알파벳 문자로 바꾸었습니다.

우리는 문자를 배울 때 알파벳 옆에 그려진 그림을 통해 배웁니다. 우리는 A 옆에 도끼(Axe)의 그림이 있고, B 옆에 꿀벌(Bee)의 그림 등이 그려져 있는 책을 읽으면서 알파벳을 배웠습니다. 우리 모두는 이런 문자 배우기에 아주 친숙하죠. 하지만 우리 중 누구도 A B라는 음절을 도끼와 꿀벌의 그림으로 표현하려는 생각을 하지 않았지만, 힉스 족은 그렇게 했습니다. A라는 소리를 표현하기 위해 그들은 황소의 머리 그림을 그리기 시작했습니다. 힉스 족은 황소를 알레프(Aleph)라 발음하였고, 황소 그림은 A 라는 소리를 나타내는 알파벳으로 사용하기 시작한 것입니다.

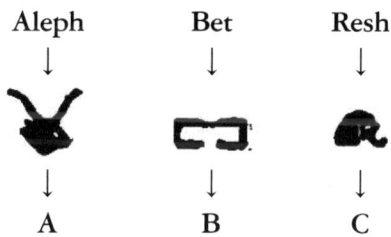

B를 표현하기 위해서는 집이라는 뜻을 가지고 있는 벳(Bet)을 사용했습니다. R은 사람의 머리를 뜻하는 레쉬(Resh)를 사용했고, 그런 식으로 그들은 21개의 알파벳 문자의 모음집을 만들어낼 수 있었습니다. 하지만 쓰는 방법은 이집트의 상형문자에서 가지고 왔습니다. 거기에서 힉스 인들은 머리모양, 집, 황소 등 그들이 문자를 쓰는 데 필요한 모든 것들을 찾았습니다. 이러한 세계 최초의 알파벳은 힉스 달력에서 유래하였습니다.

약 백여 년의 시간이 흐른 후에 이집트인들은 외부의 통치자인 힉스 족에게서 벗어났고 힉스 족은 지구상에서 더 이상 존재하지 않게 되었습니다. 하지만 그들의 알파벳은 이집트로부터 동쪽에 있는 지중해 연안의 나라에 전해졌고, 그 중 페니키아 선원들, 농부들, 그리고 양치기와 유대인과 같은 셈족은 힉스족의 문자를 보존하였습니다.

페니키아인들은 여행가이자 상인이었습니다. 그들의 선박은 키프로스 섬에서 그리스 연안을 거쳐 지브롤터 해협까지 모습을 드러냈습니다. 새로운 나라에 도착한 그들은 값 비싼 목걸이, 검, 손도끼, 유리컵을 늘어놓고 그 나라의 특산품인 가죽, 특산품, 노예 등과 교환했습니다.

페니키아 인의 상품과 더불어 알파벳 역시 전 세계로 전해졌습니다. 페니키아 인과 교역했던 사람들 역시 알파벳을 받아들였고, 이 알파벳은 이집트에서 전해진 알파벳과는 달랐습니다. 페니키아 무역인은 이집트에서 전해졌던 알파벳과 같이 모든 그림을 그릴 만한 시간이 없었습니다. 그래서 그들은 소, 뱀, 머리, 그리고 집들을 빨리 쓸 수 있는 기호로 바꾸었답니다. 이 문자들은 바다를 건너 그리스로 전해졌고 그리스에서 이탈리아 서부와 북부유럽으로 전해졌습니다. 그러나 이 문자들이 페니키아를 떠나 그 즉시 다른 나라로 퍼진 것은 아닙니다. 북쪽으로 이동하기 전 알파벳은 그리스에서 약 2000년 동안 머무르면서 좀 더 변화했습니다.

이집트의 문자는 페니키아를 거쳐 그리스, 로마에서 북부 유럽으로 전해지기까지 약 4000년이 걸렸습니다. 많은 일들이 그 여정 중에 일어났습니다. 좌우가 바뀌거나 앞뒤가 바뀌는 등 문자의 형태에도 많은 변화가 있었죠. 이 알파벳 문자들은 수행을 떠나는 사제의 배낭과 파피루스 두루마리가 가득 담긴 바구니 그리고 뒤쪽에는 노예들을 실은 13척의 만선과 함께 이곳저곳을 돌아다녔습니다. 이 알파벳 문자의 여행 중 많은 글자가 사라지기도 했고, 가끔은 새로운 문자들이 추가되었죠. 마침내 길고 긴 방랑 후 알파벳 문자가 북유럽에 도착했을 때는 너무 많이 변한 나머지 본래의 모습을 찾아볼 수 없었습니다.

그 문자의 원래 특징들을 찾기 위해서 우리들은 이집트의 상형문자, 시나이 반도에 있는 헤토르(Hator) 여신의 신전에서 발견된 힉스 족의 문자, 그리고 페니키아어, 그리스어, 슬라브어와 러시아어를 나란히 놓고 비교해 보아야 합니다.

다음 쪽에 있는 문자의 변화 과정을 보면 여러분은 황소의 머리에 있는 뿔이 어떻게 A로 변화하는지 알 수 있을 것입니다. 황소의 머리와 알파벳 A의 닮은 점은 뿔밖에 없죠.

예전에 모든 문자들은 지금의 방향과는 다르게 뒤집혀져 있다는 것을 알 수 있습니다. 왜냐하면 고대 페니키아인들은 왼쪽에서 오른쪽이 아닌 오른쪽에서 왼쪽으로 썼기 때문이죠. 그리스인들은 페니키아인으로부터 알파벳을 전해 받았을 때, 그들 또한 오른쪽에서부터 왼쪽으로 글을 썼습니다. 이후 그들은 하나의 줄은 왼쪽에서 오른쪽으로, 그 다음 줄은 오른쪽에서 왼쪽으로 쓰는 등 양방향으로 글을 쓰기 시작했습니다. 그러나 그들은 이 방법이 실용적이지 못함을 발견했고, 마침내 그들은 모든 줄을 왼쪽에서 오른쪽으로 쓰기 시작했습니다. 그리고 많은 나라에서 이러한 쓰기 방식을 적용했습니다.

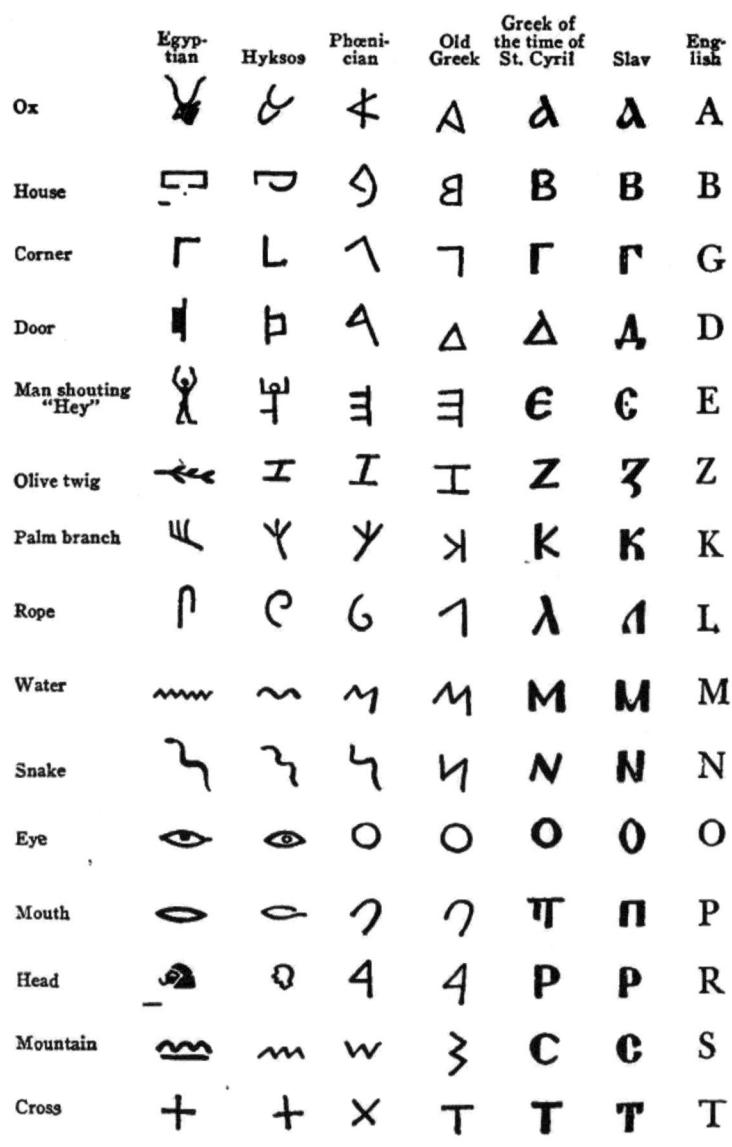

알파벳의 발달

그리스인들은 글을 쓰는 방향을 바꾸면서 문자가 반대 방향으로 향하게 고쳤습니다. 마치 데칼코마니처럼 문자의 좌우를 뒤바꾼 것입니다.

그렇다면 왜 오른쪽에서 왼쪽으로 글을 쓰는 것보다 왼쪽에서 오른쪽으로 글을 쓰는 것이 더 편리하게 보일까요? 왼쪽에서 오른쪽, 오른쪽에서 왼쪽 또는 중국인처럼 위에서 아래로 쓰는 것에는 어떤 차이점이 있을까요?

차이점은 분명히 있습니다. 이집트인들도 중국인들처럼 위에서 아래로 글을 썼을 때가 있었습니다. 이렇게 쓰기 위해서 사람들은 왼손으로 파피루스(이집트 갈대로 만든 종이) 롤(두루마리)을 잡고, 오른손으로 글을 써야 했습니다. 오른손이 아닌 왼손으로 글을 쓰게 된다면 알아보기 어려웠을 것입니다. 「BLACK ON WHITE」라는 책 제목을 오른쪽에서 왼쪽으로 쓰게 된다면 아래와 같이 쓰여 질 것입니다.

ƎTIHW NO ꓘƆAꞀB

오른쪽에서 왼쪽으로 알파벳을 쓴 모습

이것은 전혀 편리한 방법이 아닙니다. 왜냐하면 서기(문자를 써서 문서를 만드는 사람)들이 첫 번째 줄에서 두 번째 줄로 넘어갈 때 그의 손이 마르지 않은 첫 번째 줄의 잉크를 번지게 만들기 때문입니다. 매우 빠르게 마르는 차이나 잉크(먹)를 사용했던 중국인들에게는 전혀 문제가 되지 않았습니다. 그러나 이집트인들은 재, 천연 풀, 그리고 물로 만든 잉크를 사용했기 때문에 매우 천천히 말랐죠. 이러한 어려움을 피하기 위해서 그들은 세로로 글을 쓰는 대신 가로로 쓰는 방법을 사용했습니다. 오른손을 사용하여 오른쪽으로 글을 쓰면 깨끗한 백지 종이를 따라 움직이기 때문에 이전 줄의 잉크가 번질 일이 없게 됩니다. 그러나 오른쪽에서 왼쪽으로 쓰는 오랜 습관은 여전히 남아있었습니다. 그리스인들이 양쪽방향으로 쓰기 전까지 그들은 계속 이 방법으로 글을 써왔습니다.

마침내 두 가지 방법 중 왼쪽에서 오른쪽으로 쓰는 것이 유럽 사람들 사이에서 보편적으로 받아들여졌습니다. 하지만 여전히 히브리인들과 다른 많은 민족들은 오른쪽에서 왼쪽으로 글을 쓰고 있었습니다.

지금까지 우리는 이집트에서 러시아에 이르는 문자의 이동을 살펴보았습니다. 그러나 이 이동은 이집트의 상형문자가 전 세계로 퍼져나간 이동 중 하나에 불과합니다. 그리스에서 출발한 문자들은 북쪽뿐만 아니라 서쪽의 이탈리아까지 이르렀고, 이탈리아에서 상형문자는 라틴 알파벳이 되었습니다. 그들은 이집트에서 페르시아, 아르메니아, 그루지아, 티벳, 그리고 한국 등 전 세계로 퍼져나갔습니다. 이집트의 알파벳이 전해지지 않았더라면 세계의 어디에서도 지금의 알파벳을 찾아볼 수 없었을 것입니다.

숫자의 역사는 문자의 역사보다 더욱 놀랍습니다. 여러분은 우리가 사용하는 숫자 역시 원래 상형문자, 그림문자였다는 것을 알고 있었나요?

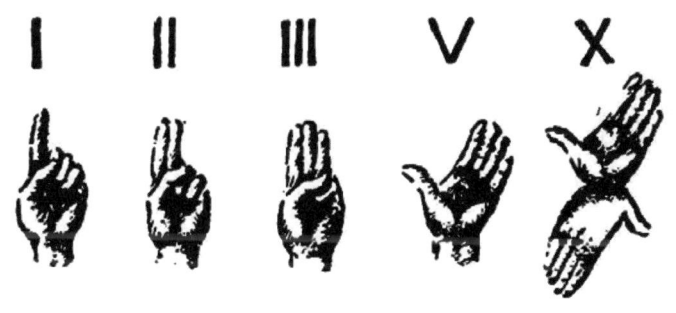

손가락에 의한 숫자 표현

사람들은 오직 그들의 손가락을 이용해 숫자를 셀 수 있었던 때가 있었습니다. 그들이 1을 이야기하고 싶을 때는 손가락 한 개를, 2는 2개의 손가락으로 표현하였습니다. 한 손의 5개의 손가락을 모두 폈을 때는 5를, 양손은 10을 의미하였습니다. 그들이 더 많은 것을 표현하고 싶을 때는 풍차 같이 손을 흔들었습니다. 이와 같은 방법으로 숫자를 세는 것을 처음 본 사람들은 마치 모기와 싸워 물리치는 것처럼 생각할 수도 있습니다. 손가락 또는 손을 이용하여 세는 방법은 숫자를 나타내는 문자로 발전하였습니다. 여러분이 만약 로마숫자를 보면 Ⅰ, Ⅱ, Ⅲ을 1, 2, 3이라고 추측할 수 있을 것입니다. Ⅴ는 엄지손가락을 펼쳐 하나의 각을 만드는 것으로 표현하고, Ⅹ은 동일한 방법으로 두 손을 이용했습니다.

하지만 로마의 숫자만이 이러한 방법을 사용한 것은 아니었습니다. 우리가 지금 사용하는 아라비아 숫자 또한 손가락의 모양을 본 떠 만들었습니다. 처음에는 그들은 다음과 같은 방법으로 손가락을 사용하였습니다. 1은 로마의 숫자 I 을 표현했던 것과 동일하게 사용했고, 2는 2개의 가로로 누운 작은 막대기로 표현했으며, 3은 2라는 표현 위에 하나의 막대기를 추가하였으며, 4는 십자가 모양으로 나타내고, 마지막으로 5는 손 또는 엄지손가락을 뻗은 주먹으로 표현하였습니다.

아라비아 숫자 5의 표현

숫자는 문자의 경우처럼 빠르게 쓸 때 그 모습이 변했습니다.

아라비아 숫자 표현의 발달

숫자를 종이에 쓰지 않을 때는 다음과 같은 형태를 띠고 있었고, 이 숫자들은 현재의 1, 2, 3, 4, 5와 별로 다르지 않았습니다. 다른 숫자들은 5개의 숫자를 결합하여 얻을 수 있었죠. 그러나 0의 탄생은 가장 흥미로운 이야기입니다. 0은 무엇인가요? 무(無)를 의미합니다. 즉, 빈 공간을 나타내죠. 0을 표현하는 방법을 알아내기까지 오랜 시간이 걸렸습니다. 0의 발견은 증기선이나 전화 발명과 같이 커다란 일이었죠.

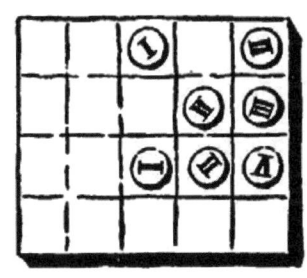

주판 - 숫자 계산판

처음에 0이라는 것은 존재하지 않았습니다. 계산하기 위해서 옛날 사람들은 정사각형 무늬가 그려진 나무판과 숫자가 써진 동그란 나무 조각을 사용했습니다. 예를 들어 여러분이 102와 23를 더하고 싶을 때 나무 판 위에 동그란 나무 조각을 그림과 같이 배열했고, 남겨진 공간은 0을 나타냈습니다. 이 나무판은 "주판"이.라고 불렸죠. 주판은 그리스인이 사용했던 숫자를 표현하는 매우 좋은 방법 이었습니다. 첫 번째 알파벳은 1을, 두 번째 알파벳은 2를 표현하였습니다. 이러한 주판을 사용하지 않았더라면 이런 방법으로 계산한다는 것은 매우 어려운 일이었을 것입니다. 예를 들어, 그들은 어떻게 Lambda(Λ)와 Pi(Π) 또는 Nu(N) 그리고 Ro(P)를 더할 수 있을까요? 그리스인들은 암산하고 단지 결과만을 적었습니다.

제6장 **77**

탁자를 이용하여 계산하는 그리스인

곧 그들은 주판 대신에 일반 탁자를 사용하였습니다. 이 탁자는 주판처럼 정사각형 무늬가 새겨져 있지 않았습니다. 그래서 그들은 빈 공간을 나타내기 위해서 아무 표시가 없는 동그란 나무조각을 사용하기 시작했습니다. 마치 ①○②처럼 말이죠. 사람들이 이 표시를 종이 위에 옮겨 적기 시작했을 때, 종이 위에 그려진 빈 동그라미는 비로소 0이 되었습니다.

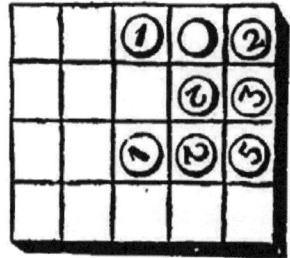

0의 발견에 도움이 된 계산판

그림문자의 단순화

영원한 책

문자가 대륙에서 대륙으로, 한 나라에서 다른 나라로 전파될 때 문자만 전달되는 것이 아니라 글을 쓰는 재료가 함께 전파되었습니다. 돌에서 파피루스로, 파피루스에서 밀랍판으로, 밀랍판에서 양피지로, 그리고 양피지는 종이로 이어졌지요. 나무가 메마른 모래땅에서 자랄 때와 습한 진흙 땅에서 자랄때가 다르듯이 글을 쓰는 재료가 바뀌게 되면서 글자의 모양도 역시 변화하였습니다. 돌 위에서는 문자가 단단하고 곧게 새겨졌고, 밀랍에서는 쉼표처럼 구부려 쓸 수 있었으며, 점토 위에서는 쐐기모양이나, 작은 별 모양, 그리고 각 진 모양을 띄었습니다. 양피지나 종이 등 동일한 재료 위에 쓰는 경우에도 글자의 동일한 모양을 유지하지는 못했습니다. 계속해서 다양한 방법과 모양으로 변화했습니다.

다음 쪽에 있는 그림은 시대에 따라서 글쓰는 재료가 달라지면서 글자의 모습이 달라진 사례를 보여주고 있습니다. 첫번째는 돌 위에 딱딱하고 곧게 새겨진 문자 입니다. 두번째 밀랍에는 돌과 달리 같은 글이 부드럽게 쓰여 있으며, 마지막으로 양피지에 쓰여

진 글은 읽기 쉽게 되어 있습니다. 얼핏 보기에는 그림에 있는 세 줄의 글이 다른 알파벳으로 쓰인 것처럼 보이지만 이 세개는 동일한 라틴어가 서로 다른 재료 위에 쓰여진 것이랍니다.

Letters Cut in Stone, Wax, and Written on Pergament
① 돌위에 새겨진 문자 ② 밀랍판에 쓴 문자 ③ 양피지에 쓴 문자

글을 쓰는 방법은 무궁무진합니다! 우리에게 익숙한 연필과 종이는 최근에 만들어진 발명품들입니다. 대략 500년 전 학생들의 가방에는 연필, 펜, 심지어 공책조차 없었습니다. 그들은 무릎 위에 밀랍판을 올려놓고 작고 뾰족한 막대기로 글을 썼습니다. 이것은 매우 편리한 방법이라 생각하기 어렵습니다.

하지만 그보다 더 오래전, 동굴에서 살았던 사람들의 그림으로부터 막 글쓰기가 시작되었던 시간으로 돌아간다면, 우리는 그 시기에 글을 쓴다는 일이 얼마나 말도 안 되게 힘든 일인지 알게 될 것입니다. 글을 쓸 만한 특별한 필기구는 전혀 존재하지 않았고, 모든 사람들은 글을 쓰기 위해 나름의 방법을 고안해내야 했죠.

밀랍판에 글을 쓰는 고대인

그래서 옛날 사람들은 자신의 손에 잡히는 것은 무엇이든 공책으로 만들었습니다. 양의 견갑골, 야자나무 잎, 도자기 조각, 야생 동물의 가죽, 나무껍질의 조각 등 그들이 글자를 쓸 수 있는 것이라면 무엇이든 사용했습니다. 그 위에 사람들은 조잡한 그림들을 날카롭게 다듬은 뼈나 돌로 새겼습니다.

글을 쓰는 다양한 방법은 오랫동안 지속되었습니다. 마호메트(Mahomet)가 양의 견갑골에 코란을 썼다고 전해지며, 공의회에서 그리스인들은 우리가 사용하는 종이 대신에 "오스트라키(ostraki)"라고 불리는 깨진 도자기 조각에 표시하여 투표를 하였습니다. 파피루스 종이가 발명 된 후에도 많은 작가들은 값 비싼 파피루스 대신 예전처럼 도자기 조각에 글을 쓸 수밖에 없었습니다. 어떤 학자는 책을 쓰기 위해서 가지고 있던 모든 냄비와 주전자들을 깨뜨렸다는 이야기가 전해지고는 하죠. 그리고 한 때, 이집트에 있는 로마 군인과 관료들은 파피루스가 부족했기 때문에 깨진 도자기 조각에 그들의 장부와 영수증을 썼습니다.

도자기 조각에 쓰여진 글자 흔적

그러나 깨진 도자기 조각보다는 야자수 나뭇잎과 나무껍질이 글을 쓸 수 있는 재료로 훨씬 적합했습니다. 옛날 사람들은 파피루스가 등장할 때까지 바늘을 이용하여 나뭇잎과 껍질위에 글을 썼습니다. 인도의 모든 책들은 야자 잎들로 만들어졌습니다. 잎의 가장자리를 다듬고 실로 함께 꿰매어 균일하게 만들었죠. 그들은 가장자리를 금빛으로 빛나게 하거나 장식을 하였기 때문에 책보다는 창틀 같아 보였지만 그래도 아주 아름다운 책을 만들 수 있었습니다.

짐승의 뼈, 점토 및 야자수 잎으로 만든 책들은 이제 박물관이나 가야 발견할 수 있습니다. 그럼에도 우리가 여전히 사용하는 오래된 글쓰기 방법이 하나 있습니다. 바로, 돌 위에 새기는 방법입니다.

돌로 만들어진 책은 모든 책들 중에 가장 오랫동안 보존될 수 있습니다. 4000년 전 이집트의 무덤과 사원의 벽에 새겨졌던 모든 이야기들은 고스란히 남아서 우리에게 전해지고 있습니다. 우리들

A Stone Book / 돌로 만든 책

제7장 83

역시 오랫동안 보존하기를 원하는 것들을 돌 판에 새기죠. 이렇게 글을 쓰는 다른 재료들보다 그 내용을 오랫동안 보존하는 것이 가능한데도 불구하고 우리는 거의 돌 위에 글을 쓰지 않습니다. 단단한 돌에 글자를 새기는 일은 매우 어려운 일이고, 돌로 만든 책은 사람이 이동할 수 없을 정도로 무거워서 크레인을 사용해야하기 때문입니다. 또한 여러분은 돌로 된 책을 읽기 위해서 집에 가져갈 수도 없고, 돌 위에 편지를 써서 보낼 수도 없죠.

옛날 사람들은 돌처럼 오래 보관할 수 있지만 그보다 가벼운 재료를 발견하기 위해 끊임없이 노력했습니다. 그 결과로 그들은 청동에도 글을 써보았습니다. 덕분에 우리는 지금도 청동에 쓰여 있는 글을 볼 수 있으며, 이것들은 한 때 궁전과 사원을 장식하는데 사용되었습니다. 때로는 벽 전체를 청동 판으로 만들기도 했습니다. 동판의 양면에 글을 썼고, 천장에 쇠사슬을 사용하여 매달았습니다.

다음 쪽의 그림에 나와 있는 건물의 청동 문을 보세요. 그 문 역시 일종의 책입니다. 에틀라인(Etlein) 의회와 블로이스(Blois) 주민들 사이의 협의는 그 위에 새겨졌죠. 마을주민들은 의회의 성 주변에 벽을 만드는 것에 동의하고, 그 대가로 와인으로 벌어들이는 수익에 대한 권리를 갖게 되었죠. 지금은 마을에서 와인이 더 이상 생산되지 않고, 그 와인을 마셨던 사람들은 이미 죽었으며, 성을 둘러쌌던 벽은 오랜 시간이 지나 무너졌지만 의회와 주민들 사이의 협의는 여전히 청동 문을 장식하고 있습니다.

돌과 청동으로 만든 책은 무거우며 다루기가 어려웠습니다. 이러한 책들의 단점은 이뿐만이 아니었습니다. 가장 큰 단점은 그 위에 글을 쓰는 것이 매우 어려웠다는 것입니다. 만약 오늘 날의 작가가 마치 석공이라도 된 듯 앞치마를 매고, 망치와 끌로 무장해야만 한다면 어떨까요? 한 페이지를 쓰기위해서 그는 하루 종일 어려운 망치질을 해야 할 것입니다.

이에 비하면 현재의 글쓰기 재료가 얼마나 편리한 것인가를 알 수 있을 것입니다.

An Agreement on Bronze / 청동으로 된 대문에 새겨진 합의서

종이가 매우 내구성이 있는 재료는 아니지만 그 어디에 돌처럼 내구성이 높고, 종이처럼 글을 쓰기 쉬운 재료를 쉽게 구할 수 있겠습니까? 하지만 티그리스강과 유프라테스강 사이의 계곡에 살던 바빌로니아인(Babylonians)과 아시리아인(Assyrinas)은 오래 전에 그런 재료를 발견했습니다.

영국 탐험가는 고대 유적지 니네베(Nineveh)에서 아슈르바니팔(Assurbanipal)왕의 도서관을 발굴했습니다. 이 도서관은 종이 한 페이지 없는 매우 이상한 도서관이었죠. 모든 책들은 점토(진흙판)로 만들어져있었습니다.

벽면에 글을 새기는 모습

점토판 책이 만들어지는 방법을 알아볼까요. 서기는 적절한 크기와 두께의 점토를 만들고, 작은 정을 이용하여 그 위에 글을 썼습니다. 서기는 작은 정을 눌러서 긁어내면서 문자의 한 쪽 끝은 두껍게, 꼬리는 얇게 표현했죠. 이 방법을 이용하여 바빌로니아인과 아시리아인은 매우 빠르게 판 전체를 쐐기 문자로 채울 수 있었습니다. 그 이후 서기는 점토판의 내구성을 높이기 위해 도공들에게 점토판을 불에 굽도록 하였습니다. 오늘날 도공들은 책을 만드는 것과는 어떠한 관련성도 가지고 있지 않지만, 그 당시의 도공들은 도자기를 굽는 것뿐만 아니라 책 역시 구웠습니다.

A Book from the Nineveh Library / 니네베 도서관의 점토판 책

햇볕에 건조시키고 가마에서 구운 이 책들은 돌만큼이나 내구성이 있었습니다. 불에 구워진 점토판은 불에 타지도 않고, 습기에도 전혀 문제가 없었으며, 쥐들에 의해 훼손되지 않았습니다. 점토판은 깨질 수는 있지만, 조각들을 모아 다시 붙일 수 있죠. 학자들은 니네베에서 발견된 조각 난 점토판들을 맞추는데 많은 시간과 노력을 기울여야만 했습니다.

니네베의 도서관에는 30,000개의 점토판이 있었습니다. 오늘날 우리의 책이 많은 낱장들로 이루어진 것처럼 하나의 책은 여러 점토판으로 이루어져 있었습니다. 물론 우리가 낱장들을 엮어 책을 만드는 것처럼 점토판을 엮는 것은 불가능 했어요. 그래서 모든 점토판들은 번호가 필요했고, 모든 점토판 위에는 책의 이름이 새겨져 있었습니다. 천지창조와 관련된 설화를 다루고 있는 점토판 책의 맨 앞에는 "태초에 위에 있는 것은 하늘이라 불리지 않았다."라고 쓰여 있습니다. 천지창조를 다룬 모든 점토판은 이 문구로 시작하며, 1, 2 등과 같은 쪽수가 책의 마지막 장까지 표시되어 있습니다.

쉽게 짐작할 수 있듯이 아슈르바니팔 왕의 도서관에 있는 모든 책에는 다음과 같은 도서관의 도장(장서인)이 찍혀있습니다.

"전사들의 왕이자, 국민들의 왕, 아시리아 지역의 왕이며 신 네보(Nebo)에게 하사받은 예리한 귀와 날카로운 눈을 통해 선대왕에게 봉사하던 왕실 작가들의 작품을 선별해 낼 수 있는 왕, 아슈르바니팔의 궁전. 지혜의 신인 네보의 가호를 받아 이 점토판을 모으고 순서대로 정렬해 나의 이름을 새겨 나의 궁 안에 두었다."

이 도서관에는 모든 종류의 책들이 있었습니다. 아시리아 왕과 리디아인, 페니키아인, 아르메니아인과의 전쟁에 대한 것도 있었고, 황소의 다리와 뿔, 꼬리를 가진 거인과의 영웅적인 일화를 다룬 책도 있었습니다. 여신 이시타르(Ishtar)가 자신의 남편을 구하기 위해 어떻게 지하세계로 내려갔는지에 대한 재미있는 이야기도 있죠. 또한 전 세계를 광활하고 끝없는 바다로 만들어 버린 강의 이야기도 있습니다.

아시리아의 왕이 불면증으로 골머리를 앓는 밤이면, 왕은 노예 중 한명에게 도서관에서 책을 가져오도록 하였습니다. 그리고 노예에게 큰소리로 읽게 하여, 왕은 그 이야기를 들으며 그를 괴롭히는 근심을 잊었습니다.

아시리아에서는 점토위에 글을 쓸 뿐만 아니라 그림을 그리기도 했습니다. 그들은 희귀한 돌을 이용하여 양각무늬의 원통형 인장을 만들었습니다. 그리고 조약이 체결 되었을 때, 점토판 위에 인장을 굴려 뚜렷한 그림을 나타냈습니다.

원통형 인장으로 문자와 그림을 찍어내는 모습

이 방법이 옷에 모양을 찍어내는 데에 여전히 사용된다는 것은 아주 흥미로운 이야기입니다. 이것은 또한 윤전 인쇄기에서도 같

제7장 **89**

은 방식으로 작동하며, 돌아가는 원통들의 표면에 찍고자 하는 무늬들이 배열되어 있죠.

인장이 찍힌 많은 계약서와 영수증, 장부들은 여전히 많이 사용되고 있습니다. 인장의 주변에는 손톱으로 만든 갈고리 모양의 표식이 종종 발견되는데, 이는 글을 쓰지 못하는 사람들이 자신의 이름을 서명하기 위한 방법임이 분명합니다.

제8장

리본처럼 긴 끈으로 만든 책

　벽돌처럼 불에 구운 책은 지금 생각하면 참으로 이상합니다. 하지만 고대 이집트인들은 이 보다 더 특이한 책을 생각해 냈습니다. 수백 야드 정도의 길고도 긴 끈(리본)을 상상해보세요. 이것은 일종의 종이로 만들어진 리본이지만 매우 특이합니다. 마치 얇은 사각형 모양의 종이를 무수히 덧붙여서 만들어진 것처럼 보입니다. 만일 여러분이 이 리본을 찢으려 한다면 실을 꼬아서 만든 매트처럼 작은 끈으로 엮어서 만든 것처럼 보일 것입니다. 놀랍게도 이 종이는 노란색이고, 부드럽고, 반들반들합니다. 또한 이것은 밀랍판(wax tablets)[1] 처럼 부스러지기 쉽습니다.

　한 문장은 그 끈의 전체 길이에 맞춰 가로로 쓰여 지는 것이 아니라 세로로 쓰여지게 됩니다. 만일 한 문장이 끈의 전체 길이에 맞춰 쓰여 졌다면 독자들은 끈의 끝에서 끝을 왔다갔다하며 글을 읽어야 했겠죠.

---

[1] wax tablets 밀랍을 칠한 서자판(書字板) : 뼈・나무 따위의 쟁반 같은 판자에 밀랍을 칠한 것으로, 고대인은 철필(stylus)로 여기에 글을 썼다.

리본형태의 두루마리 책

　이러한 이상한 종이는 나일 강 연안의 습지에서 자라는 식물로 만들어졌습니다. 이집트에는 사람의 키보다 더 크게 자라는 늪지 식물이 넓은 습지에 많았습니다. 이 식물의 줄기는 털이 없이 민숭민숭하고 곧게 자라며, 맨 위에는 솔이 달려 있죠. 이 식물의 이름은 '파피루스'입니다. 이 이름은 오늘날 영어로는 페이퍼(paper), 독일어는 파피아(papier), 프랑스어는 빠삐에(papier), 그리고 러시아어는 파프카(papka)로 여전히 남아 있죠.
　이집트인은 이 식물을 일상생활에서 익숙하게 사용했습니다. 이집트인들은 파피루스로 종이를 만들었습니다. 뿐만 아니라, 파피루스를 먹고, 파피루스의 즙으로 음료를 만들고, 파피루스 옷과 신발을 만들었으며, 심지어 그것으로 길을 찾기도 했습니다. 파피루스 요리, 달콤한 파피루스 주스, 파피루스로 만든 옷, 파피루스 껍질로 만든 샌들, 그 줄기를 엮어서 만든 카누 등 다양하게 활용했죠. 고대 이집트인들은 소의 꼬리와 닮은 못생긴 외관을 가진 식물을 다양하게 활용하였습니다.
　파피루스의 제작을 목격한 한 로마의 작가는 고대 이집트인들의 제지공장에 대한 설명을 기록으로 남겼습니다. 이집트인들은

Gathering Papyrus
이집트 나일강 주변에서 파피루스를 채취하는 모습

작은 칼을 사용해서 파피루스 줄기를 쪼개 길고 얇은 끈처럼 만들었습니다. 이 끈들을 한데 붙여서 한 장의 페이지로 엮었죠. 이러한 작업은 파피루스 조각을 책상위에 올려놓고 나일 강에서 얻은 끈적끈적한 물을 부어서 붙여나갔습니다. 이러한 끈적끈적한 물질은 풀의 역할을 했죠. 테이블은 물이 계속해서 위에서 흐를 수 있도록 경사를 기울여서 만들었습니다.

세로열의 파피루스 조각 붙임이 끝나면 그 끝을 자르고, 그것을 십자형으로 또 다른 가로 위에 놓습니다. 이러한 방법으로 그들은 일부의 실은 가로로, 나머지는 세로로 가도록 직물을 만들었습니다. 이집트인들은 만들어진 직물의 더미들을 쌓아 맨 위에 무거운 물건을 올리고 누른 후에, 이를 햇빛에 말렸습니다. 햇빛에 건조시키고 난 후에는 뼈 조각이나 조개껍질로 문질러서 광을 냈습니다.

종이가 여러 등급으로 나뉘는 것처럼, 파피루스 역시 여러 등급을 가지고 있었습니다. 최고의 품질은 줄기의 중심부로 만들어진 것이었죠. 이집트인들은 그 파피루스를 이용하여 신들의 이야기를 기록했기 때문에 파피루스를 "신성한 종이"라고 불렀습니다. 그리고 로마인들은 그들의 황제인 아우구스투스를 기리며 이런 최고급 종이를 "아우구스투스의 종이"라고 불렀습니다. 두 번째 등급의 파피루스는 아우구스투스의 아내인 리비아의 이름을 따서 "리비아(Livia)의 종이"라고 불렀죠.

이외에도 수많은 다른 등급이 존재했습니다. "상인의 종이"라고 불리는 가장 보잘 것 없는 종이는 필기용으로 사용되지 않고 상품을 포장하는 목적으로만 이용되었죠. 최고의 종이공장은 이집트의 알렉산드리아(Alexandria)라는 도시에 있었습니다. "알렉산드리아의 종이"(이 명칭은 오늘날까지 여전히 사용되고 있죠.)는 로마, 그리스 그리고 동방의 나라들로 전해졌습니다.

파피루스가 마련되고 나면 이집트인들은 파피루스 20장을 이어서 하나의 긴 두루마리를 만들었습니다. 이러한 두루마리는 100미터 또는 그 이상으로 길었죠. 이런 책은 어떻게 읽을 수 있을까요? 만약 여러분이 바닥에 이 책을 펼친다면 여러분 방의 모든 공간을 차지했을 거예요. 그리고 책을 읽기 위해 바닥을 기어 다녀야 한다면 매우 불편한 일일 것입니다. 울타리에 걸어 놓는 다면 어떨까요? 하지만 이러한 책을 쉽게 읽을 수 있도록 "독서 울타리"를 만든 적이 없었습니다. 그리고 만약 비가 온다면 어떤 일이 일어나겠습니까? 도대체 어떻게 하면 여러분들이 이 책을 궂은 날씨로부터 지켜낼 수 있으며, 어느 날 갑자기 불량배들이 나타나 여러분의 책 전체를 조각조각 찢어 버리는 것을 막아낼 수 있을까요? 바닥을 기거나, 울타리에 걸어놓는 것 외에 양쪽에서 파피루스를 들고 있을 친구를 부르는 방법도 있을 수 있습니다. 파피루스 두루마리의 끝을 잡고 여러분이 읽을 수 있도록 들어주는 친구 말이죠. 하지만 이러한 방법 역시 소용이 없을 것입니다. 오로지 여러분만을 위해 하루에 몇 시간 동안 긴 파피루스 두루마리를 기꺼이 들고 서있을 수 있는 누군가를 어디서 찾을 수 있겠어요?

왜 오늘날 우리가 하는 것처럼 긴 조각을 페이지로 잘라서 그것들을 책으로 묶지 않을까요? 매우 쉬운 것처럼 들리지만, 그것을 즉시 생각해내는 일은 어렵죠. 특히 파피루스를 묶는 일은 매우 어려운 작업이었습니다. 부서지지 않고 우리가 원하는 대로 마구 구겨버릴 수 있는 현재의 종이와 다르게 파피루스는 접을 때 쉽게 부서졌습니다.

이집트인들은 이러한 일을 하는 데 있어 매우 실용적인 방법을 고안해냈습니다. 파피루스를 둘둘 마는 것이었죠. 이집트인들은 파피루스가 부서지는 것을 막기 위해 작은 막대기에 둥글게 둘렀습니다. 막대기의 끝에는 체스 말과 같은 작은 조각을 장식했습니다. 두루마리를 읽을 때 그들은 이 막대기의 끝을 잡았습니다. 우리는 여전히 지도나 신문이 찢어지는 것을 방지하기 위해 이런 방법처럼 막대기에 둘둘 말기도 하죠.

이러한 파피루스 책을 읽기 위해 왼손으로는 장식된 막대기 끝을 잡고 오른손으로는 파피루스 책을 펼쳐야 했습니다. 즉, 책을 읽을 때, 양 손이 모두 사용되어야 하죠. 만약 여러분이 오른손으로 눈을 비비거나 펜을 주우려 한다면, 두루마리는 다시 말아야 할 것입니다. 여러분이 읽은 구절을 베끼는 것은 불가능했죠. 만약 여러분이 책을 베끼고 싶다면, 한 사람이 말하고 다른 사람이 필사하는 식으로 두 명이 함께 작업해야만 할 것입니다.

파피루스 책을 읽는 모습

많은 책을 소장하는 것을 좋아하는 학생이 파피루스 두루마리를 펼쳐보기 위한 적절한 장소를 찾기가 매우 어렵습니다. 물론, 파피루스 두루마리의 단점은 이것뿐만이 아닙니다. 대게 한 두루마리는 책의 일부였습니다. 즉, 현재 우리가 인쇄하는 두꺼운 한 권의 책은 이집트인과 그리스인, 로마인들에게는 하나가 아니라 수많은 파피루스 두루마리를 필요로 했습니다. 그 당시의 책은 여러분의 주머니나 서류가방에 아무렇게나 넣을 수 있는 것이 아니었습니다. 만약 여러분이 책을 가지고 다니고 싶다면 여러분은 수많은 파피루스 두루마리가 들어있는 둥근 상자를 끈으로 묶어 등에 지고 가지고 다녀야 했습니다. 부유한 사람들은 그들의 책을 들고 다니지 않았습니다. 대신 도서관이나 서점에 방문할 때, 그들이 원하는 책을 담은 상자를 집에 가져가기 위해 자신의 노예를 데리고 갔죠.

파피루스 책을 메고가는 모습

　그 당시에 서점은 서점이라기보다 오히려 벽지를 파는 가게처럼 보였습니다. 선반에는 벽지 두루마리처럼 보이는 두루마리가 가득했죠. 각 두루마리에는 그 위에 책의 제목이 써진 이름표가 걸려 있었습니다.

　그들은 파피루스 위에 잉크로 글을 썼지만, 우리의 잉크와는 매우 달랐습니다. 그것은 물과 숯을 섞어서 만들었죠. 이집트인들은 종이 위에 글을 쓸 때 잉크가 흘러넘치지 않도록 아라비아의 고무를 첨가하여 걸쭉하게 만들었습니다. 이러한 잉크는 현재의 잉크처럼 오래가지 않았고, 지우개 대신 사용했던 스펀지로 쉽게 지워졌습니다. 스펀지가 없을 때 지우개 대신 그들의 혀를 사용하기도 했습니다. 황제 칼리굴라(Emperor Caligula)의 궁궐에서 개최되었던 시 짓기 대회에서 수상하지 못한 시인들은 자신의 작품을 핥아야만 했다는 이야기도 있죠.

그 당시의 펜 역시 현재 우리가 사용하는 펜들과는 달랐습니다. 연필심 길이정도로 자른 갈대로 만들어진 펜은 그 끝을 작게 쪼개서 날카롭게 만든 것이었죠. 끝을 날카롭게 쪼개지 않고서는 펜은 제 역할을 할 수 없었습니다. 끝이 반으로 쪼개지지 않은 펜으로 글을 써보세요. 아마 글이 써지지 않을 겁니다. 그 끝이 쪼개져 있다면, 마치 냇물처럼 잉크가 흐를 수 있는 작은 수로가 만들어지는 것이죠. 만약 여러분이 더 굵게 표시를 하고 싶다면, 펜의 끝부분을 더 세게 눌러 잉크 수로를 더 넓히고 잉크의 양을 증가시키면 됩니다. 펜 끝을 쪼개는 것을 처음으로 생각해 낸 사람은 아주 똑똑한 사람이었을 거예요.

파피루스의 보관

피라미드의 벽에는 이집트 서기의 그림들이 그려져 있습니다. 그들 대부분은 바닥에 앉아 왼손으로는 파피루스 두루마리를 들고 있고 오른손엔 갈대 펜을 잡고 있는 젊은 남성들입니다. 오늘

날 직원들이 귀에 펜을 꽂는 것처럼 그 그림 속 남성들의 귀 뒤에는 여분의 펜들이 꽂혀 있습니다.

여러분에게 제가 알고 있는 한 서기에 대한 이야기를 들려드리죠.

한 서기의 이야기

만약 우리가 이집트 서기가 들고 있는 두루마리를 본다면, 종이 위에 쓰인 글자가 우리가 잘 알고 있는 상형문자가 아니라는 것을 알게 될 것입니다. 이 문자는 우리가 무덤이나 사원의 벽에서 익숙하게 보았던 그림이 아니라 휘갈겨 쓴 글씨였기 때문이죠.

빠르게 쓸수 있도록 단순화한 상형문자

이런 글씨를 사용하게 된 이유는 간단합니다. 돌 위에 글을 새기는 것보다는 파피루스에 글을 쓰는 것이 훨씬 쉬운 일이었기 때문이죠. 파피루스 위에 쓴다면 1분밖에 걸리지 않는 글을 돌 위에 새기게 되면 30분이 걸렸습니다. 그러므로 파피루스위에서 상형문자의 윤곽선이 사라진 것은 전혀 놀랄 일이 아니었습니다. 빠른 필체는 모든 획들을 변화시켰고, 그림을 단순화시켰습니다. 사제들은 여전히 그들의 문자의 아름다움에 대해 숙고하며 한 획, 한 획을 신중하게 그리려 했습니다. 하지만 사제 계급에 속하지 않은 일반적인 사람들은 가능한 빠르게 글을 쓰는 것에 대해서만 생각했죠. 마침내 이집트인들 사이에서는 상형문자, 사제의 필체, 일반적인 필체 즉, 3가지 종류의 필체가 생겨난 것입니다.

    파피루스의 발견이 이집트인들의 필체에 일으킨 변혁을 보세요!

Egyptian Scribes / 이집트의 기록관 '서기'

우리가 얘기하고자 하는 서기들은 일반적인 필체를 사용했습니다. 그는 흰 앞치마를 두른 노동자들이 커다란 곡물창고에 실어 넣는 곡물의 양을 기록했죠. 곡물을 운반하는 작업은 너무 빠르게 진행되어서 서기들은 곡식을 실어내리는 노동자들이 불러주는 곡물의 양을 기록할 시간도 거의 없었습니다. 어떻게 서기가 곡물창고에 도착하는 모든 곡물을 세세하게 기록할 수 있었겠어요? 노동자들은 벽돌 계단을 따라서 둥근 지붕이 달린 곡물창고 위에 지어진 단으로 올라갔습니다. 그들은 수수가 가득 든 바구니를 꺼내 들고 그것을 지붕 꼭대기의 구멍으로 부었습니다. 그리고는 또 다른 꽉 찬 바구니를 들고 오는 노동자를 향해 나아가면서 황급히 다른 짐을 실어 날랐습니다.

마침내 모든 곡식들이 계량되어 곡식창고로 들어갔습니다. 서기들은 그의 펜과 두루마리, 잉크통을 챙기고 노동자들을 따라 길을 나섰습니다. 그 집들은 너무나 높이 있어서, 그들은 하늘 위의 매우 좁은 틈새를 따라 난 길을 지나는 것처럼 보였습니다. 이곳이 부유한 사람들이 사는 곳이었죠. 노동자들의 작은 오두막은 이 마을의 가장자리에 위치했습니다.

노동자들 중 몇몇은 그들의 친구들과 맥주를 마시거나 야자나무 잎으로 만든 술을 한 잔하기 위해 맥주 집에 들렀습니다. 그러나 서기 시수아몽(Nsisuamon)은 오늘 밤 맥주 집에서 발걸음을 멈추지 않았습니다. 그는 우울함에 젖은 채 집으로 향했습니다. 다음 급여일 까진 10일이나 남았고 그는 이미 오래전에 그가 받았던 급여를 다 써버렸습니다. 그의 집에는 어떠한 빵이나 수수, 기름도 남아있지 않았고, 빌릴 만한 사람도 없었죠. 시수아몽은 자신과 달리 넓은 농지와 멋진 집을 소유한 서기들을 떠올렸습니다. 왕실 창고를 담당하는 서기 마흐무트(Nahmut)처럼 말이죠. 사람들은 마흐무트가 왕실창고에서 너무 많은 것들을 훔쳐서 지금은 이 도시에서 가장 부자라고 말했습니다. 마치 정직한 사람은 굶주릴 수밖에 없는 운명인 것처럼 보였죠.

시수아몽은 그가 서기학교를 마친 후 지나온 7년을 기억했습니다. 가난과 궁핍으로 점철된 7년이었죠. 이런 삶은 그가 서기학교에 있을 때 예상했던 그의 미래가 아니었습니다. 교실에는 시수아몽보다 뛰어난 학생이 없었습니다. 시수아몽은 다른 이들보다 더 빠르게 읽고 쓰는 것을 배웠습니다. 그리고 어떤 누구도 그를 능가할 순 없었죠. 그는 모든 산수책을 글자 그대로 암송할 수 있었고 첫 페이지에 "사물에 감추어진 모든 비밀과 숨겨진 모든 것을 이해하고 가능케 하는 방법"이라고 명구가 새겨진 기하학 서적 역시 암송할 수 있었습니다.

그 누구도 100개의 빵을 5명 중 2명이 나머지 3명보다 7배 많이 갖도록 나누는 방법을 시수아몽보다 잘 계산해내지 못했습니다. 그리고 지금은 교과서의 문제에서나 나오는 것 같았던 저 불공평한 분배가 현실에서도 똑같이 일어나고 있었죠. 불쌍한 시수아몽은 저 5명 중 다른 3명 보다 7배 더 많이 가지게 되는 2명 중 하나가 되는 행운을 갖지 못했습니다.

그러나 시수아몽은 우울한 생각에 스스로를 포기하지 않았습니다. 그는 아직 젊고 건강하며, 그의 어깨 위에는 명석한 두뇌가 자리하고 있는데, 왜 그가 절망해야만 하나요? 그의 삶이 좋은 출발을 하지 못한 것은 확실합니다. 그러나 머지않아 사람들은 그의 가치를 알아볼 것이고, 그렇다면 그의 삶은 확실히 지금과는 다른 상황으로 나아갈 것이었죠.

그는 그를 기다리고 있는 사랑스런 아내와 곧 서기가 되기 위해 학교를 다닐 6살짜리 아들이 기다리고 있는 금방이라도 무너져 내릴 것 같은 허름한 집으로 힘차게 걸어갔습니다. 앞뒤로 어설픈 곡선을 그리며 흔들리는 그의 작은 손에는 파피루스 두루마리가 들려 있었죠.

밀랍 책

우리는 모두 양초에 대해서 아주 잘 알고 있습니다. 하지만 밀랍 책은 오늘 날 보기가 아주 힘들죠.

Wax Book / 밀랍 책

놀랍게도 버터처럼 녹일 수 있는 이 책은 우리가 익히 들어왔던 벽돌처럼 두꺼운 책이나, 끈처럼 길게 엮은 리본 책들보다도 더 대단한 책처럼 보입니다. 아주 소수의 사람들만이 프랑스 대혁명이 일어났던 18세기 후기 혹은 19세기 초기 까지 사용되었던 로마인들이 만든 이 밀랍 책에 대해 알고 있습니다.

그림을 보면 이 밀랍 책이 어떻게 생겼는지 알 수 있습니다. 주머니에 들어가는 수첩 크기의 작은 여러 개의 판으로 만들어져 있죠. 각각의 판들은 정중앙에 직사각형 모양의 홈이 파여져 있고, 그 홈에는 노란색이나 검은색으로 물들인 밀랍을 채웠습니다. 그 후 구멍이 뚫린 판의 왼쪽 모서리에 끈을 꿰고, 단단히 묶어서 그 판을 하나의 작은 얇은 책으로 만듭니다. 그리고 판들의 가장 첫 번째 판과 마지막 판은 밀랍을 채워 넣지 않아서 책을 덮었을 때에 안쪽 판들의 글들이 지워지지 않도록 했습니다.

그렇다면 사람들은 어떻게 이 밀랍 판에 글을 썼던 것일까요? 잉크를 사용하지 않은 것은 분명한데 말입니다. 답은 바로 스타일러스(Stylus)라고 불리는 작은 금속 막대를 사용하는 것이었습니다. 스타일러스의 한 쪽 끝은 아주 날카롭고 뾰족했고, 다른 끝은 둥글었습니다. 사람들은 뾰족한 쪽으로 글을 쓰거나 긁어서 사용했고, 둥근 쪽으로는 지우개처럼 사용했습니다. 스타일러스의 둥근 쪽이 바로 우리가 사용하는 지우개의 조상인 셈이죠.

밀랍 판은 아주 저렴했습니다. 그래서 포스트잇처럼 메모를 하거나 간단한 계산을 하는 등의 용도로 사용되었습니다. 반면에 이집트에서 로마로 수입된 파피루스는 값이 비쌌기 때문에 책을 만들 때만 사용되었죠.

이 밀랍 판은 또 다른 좋은 점이 있었습니다. 바로 오랜 시간 사용할 수 있다는 점이었죠. 로마인들이 밀랍 판에 편지를 써 보내면, 상대방은 그들이 받은 밀랍 판에 답장을 써서 다시 보냈습니다. 하나의 밀랍 판은 이미 씨져 있는 글들을 스타일러스의 뭉툭한 끝으로 지우고 다시 쓰는 방법으로 반복해서 다시 사용할 수 있었습니다.

"여러분, 스타일러스의 뭉툭한 끝을 자주 사용하세요!"는 그 당시의 젊은 작가들에게 통용되었던 조언이었습니다. 이미 오래전에 스타일러스가 글쓰기 도구로써 사용되지 않았음에도 불구하고, 우리는 여전히 글을 잘 쓰는 작가에게 그 작가는 아주 좋은 "스타일"을 가지고 있다고 말하죠.

사실 아주 쉽게 지워지는 부드러운 밀랍은 항상 좋지만은 않았습니다. 가끔은 매우 중요하고 비밀스러운 편지가 목표지에 도착했을 때, 여러 사람의 손을 거쳐 전달되는 와중에 전체 내용이 지워지는 일이 발생하고는 했기 때문입니다. 이러한 일을 방지하기 위해서 때때로 사람들은 진짜 편지 위에 한 층의 밀랍을 덧 씌었습니다. 그리고 그 층에는 터무니없는 말들을 적었습니다. "댁은 평안하십니까? 건강은 어떠세요? 저녁을 대접하고 싶습니다!" 등등 말이에요. 그리고 이런 여러 층의 편지를 받은 사람은 아주 조심스럽게 위층의 밀랍을 제거한 후에 아래층에 써진 진짜 편지를 읽었습니다. 즉, 그 당시의 편지들은 집처럼 하나 내지 두 개의 층을 가지고 있었습니다.

돌에 새겨졌을 때에는 아주 반듯하고 균형 잡힌 글자였던 라틴어 글자들은 파피루스 위에서는 좀 더 굴곡이 있는 모양을 가졌고, 밀랍 위에서는 거의 알아볼 수 없이 휘갈겨져 있었습니다. 오직 고문서학을 배운 학자들만이 밀랍 위에 써진 로마 글자체를 읽어낼 수 있었습니다. 우리와 같은 평범한 사람들은 그 휘어지고 구부러진 것들을 알아볼 수조차 없었죠.

여러분들 스스로 밀랍 판을 만들고, 그 위에 무언가를 써보도록 하세요. 여러분은 아마 밀랍 위에 글자를 정확하게 쓰는 일이 얼마나 힘든 일인지 알게 될 것입니다. 특히 빨리 쓴다면 더더욱요!

우리가 밀랍 판이 없이도 잘 지내게 된 것은 연필과 값이 싼 종이가 발명되었기 때문입니다. 무려 몇 백 년 전만해도 모든 학생들이 벨트에 밀랍 판을 매달고 다녔답니다. 이러한 학생들이 사용했던 밀랍 판들 중 많은 수가 뤼베크(Lübeck)의 성 제임스 성당 하수도에서 발견되었습니다. 그 곳엔 많은 스타일러스와 함께, 양피지를 다듬기 위한 칼과 선생님들이 학생들을 꾸짖을 때 사용했던 회초리도 있었습니다. 여러분은 그 당시의 학생들이 무자비하게 체벌을 당했다는 사실을 알아야 합니다. 그래서 "학교에 다녀왔어요."라는 말 대신에 그 때의 사람들은 "회초리의 지배 밑에 있다 왔어요."라고 말했답니다.

몇 천 년 전의 책에는 학생들과 교사 간의 대화가 라틴어로 쓰여져 있습니다.

학생들: 간청합니다, 우리의 스승이시여. 이 무지하고 형편없이
　　　　지껄이는 저희들을 위해 라틴어를 정확하게 구사하는 방법
　　　　을 가르쳐 주십시오!
교　사: 내가 너희들을 가르칠 때 체벌하기를 원하느냐?
학생들: 무지한 이로 남는 것보다 배움을 위해 회초리로 맞는 것이
　　　　더 낫습니다.

대화는 비슷하게 계속 이어집니다.

여러분은 밀랍 판을 무릎 위에 올려놓고 책상다리를 하고 앉은 그 당시의 학생들을 떠올려보아야 합니다. 그들은 왼 손으로 밀랍 판을 잡고 오른 손으로 교사들의 가르침을 받아 적었답니다.

물론 학교에 다니는 사람들만이 유일하게 밀랍 판을 사용한 사람들은 아닙니다. 수도사들은 예배의 순서를 밀랍 판 위에 썼고, 시인들은 그들의 시를 적었으며, 상인들은 그들의 장부를 유지하기 위해 사용했습니다. 또한 무도회의 신사들은 그들의 초청 여성에게 사랑의 편지를 쓰거나 결투장을 보내기 위해 밀랍 판을 사용했습니다. 몇몇 사람들은 일반적으로 내구성을 위해 겉면을 가죽으로 감싼 너도밤나무 판에 수지가 섞인 혼합 밀랍으로 채워진 밀랍 판을 사용했습니다. 또 다른 사람들은 순수한 밀랍에 아름다운 나무로 만들어진 판을 가지고 있었죠. 그 중엔 상아로 만들어진 아주 고상한 판도 있었습니다. 13세기 파리에는 이러한 고급스러운 판만을 만드는 특별한 가게 또한 있었답니다.

이런 수많은 판들은 어떻게 되었을까요? 아주 오래전에 그것들

은 불타버리거나 또는 쓰레기 더미에 버려졌습니다. 마치 우리가 오래된 종이를 치워버리는 것처럼 말이에요. 2천 여 년 전에 살았던 로마인들이 사용했던 모든 판들을 위해 지금 우리가 지불해야 하는 액수는 얼마나 될까요? 로마 시대에 사용되었던 수많은 밀랍 판들 중 아주 일부만이 현재 우리에게 전해졌습니다. 그들 중의 대부분은 은행가였던 세실리우스 주쿤두스(Caecilius Jucundus)의 고향이었던 폼페이에서 발견되었습니다. 이 도시는 약 2천 년 전 베수비오 화산의 폭발로 인해 그 이웃 도시 헤르쿨라네움(Herculaneum)과 함께 재로 묻혀버렸죠. 만약 화산 폭발이 없었다면, 이 판들은 우리에게 전해지지 않았을지도 모릅니다. 우리는 오직 24개의 로마 시대의 파피루스 두루마리를 가지고 있는데, 그것 역시 헤르쿨라네움의 잿더미에서 발견되었습니다. 이 가장 끔찍한 재앙은 시간이 저지르는 파괴와 비교한다면 아무 것도 아닙니다. 시간은 그 누구에게도 예외 없이 사람들의 행위에 대한 기억조차 깨끗이 없애버리기 때문이죠. 마치 스타일러스가 밀랍 판에 새겨진 글들을 없애버리는 것처럼 말이에요.

가죽 책

파피루스가 최고의 전성기를 누리고 있을 때, 강력한 경쟁자가 그 모습을 드러냈습니다. 바로, 양피지였죠. 아주 오래전부터 유목민들은 야생동물의 가죽과 외피에 글을 쓰고는 했습니다. 하지만 우리는 그런 가죽이나 외피를 양피지라고 하지 않았어요. 사람들이 가죽을 다루고 적절히 재단하는 능력이 발달했을 때 비로소 양피지가 탄생했습니다. 양피지는 다음과 같은 과정을 밟으며 발전해왔습니다.

이집트의 도시 알렉산드리아에는 약 백만 여개의 파피루스 두루마리를 보관하고 있는 아주 유명한 도서관이 있었습니다. 프톨레마이오스 왕조의 파라오는 이 흥미로운 도서관에 아주 지대한 관심을 가지고 있었죠. 알렉산드리아의 도서관은 오랜 시간동안 세계 최고의 도서관 이었습니다. 하지만 얼마 지나지 않아 소아시아에 있는 페르가몬의 도서관이 서서히 두각을 나타내며 알렉산드리아 도서관의 아성을 위협했습니다. 자신의 도서관 명성에 흠집이 갈지도 모른다는 위협을 느낀 파라오는 가장 무자비한 방식으로 페르가몬의 도서관을 무너뜨리겠다고 굳게 결심했죠. 파라오는 페르가몬이 있는 아시아로의 파피루스 수출을 완전히 차단하라고 명령했습니다.

페르가몬의 왕은 이러한 파라오의 명령에 맞서 페르가몬에서 최고라고 손꼽히는 가죽 세공인들에게 양과 염소의 가죽을 사용하여 파피루스를 대체할 수 있는 것을 만들라고 명령했습니다. 이때부터, 페르가몬은 아주 오랫동안 전 세계로 양피지를 공급하는 주요 양피지 생산국으로 자리 잡았죠. 양피지는 파피루스보다 더 인기가 있었습니다. 양피지는 파피루스와 달리 섬유 조직으로 찢어질 위험이 없기 때문에 자르기 쉬웠고, 접었을 때 깨지거나 부서지지 않았습니다. 물론, 이러한 장점이 처음부터 발견된 것은 아닙니다. 사람들은 파피루스를 말아서 보관했던 것처럼 양피지 역시 말아서 보관했으나, 곧 양피지를 접어서 책으로 만들 수 있다는 사실을 깨달았죠. 그렇게, 낱장의 가죽을 하나로 묶어 만든 최초의 "진짜 책"이 나타난 것입니다.

첫 번째 단계는 양, 염소, 송아지 등의 갓 벗겨낸 가죽을 물에 담가 부드럽게 만드는 일이었습니다. 그 후 가죽에 붙은 살점을 긁어내고 그 가죽을 양잿물에 넣었습니다. 잿물은 가죽의 털이 칼로 쉽게 긁어질 수 있도록 부드럽게 만드는 역할을 해서 가죽에 붙은 털을 쉽게 떼어낼 수 있게 해주었죠. 마지막으로 백묵가루로 가죽을 문지르고, 현무암으로 부드럽게 다듬고 나면 양쪽 모두 매끄럽고 얇은 황색의 가죽, 즉 양피지가 만들어집니다. 양피지는 얇을수록 더 높은 가격을 받았습니다. 사람들은 아주 작은 용기에 들어갈 수 있을 정도로 얇은 양피지 생산에 성공했습니다. 그 예로, 로마의 유명한 웅변가인 키케로(Cicero)는 일리아드(Iliad) 24권의 책 내용을 담고 있는 얇고 작은 양피지 두루마리 책을 보았다고 이야기한 바 있습니다.

울퉁불퉁한 가죽을 여러 과정을 거쳐 다듬으면 큰 양피지 하나가 나왔습니다. 이 양피지 한 장을 두 번 접으면 4절 크기의 양피지 네 장이 만들어졌고, 사람들은 이 양피지를 엮어 4절판 책을 만들었죠. 그 후 사람들은 이 양피지를 4, 8, 16번 접기 시작하여 원래 크기의 4분의 1, 8분의 1, 16분의 1 크기의 책을 만들었습니다.

한 쪽 면에만 글을 쓸 수 있는 파피루스와 달리 양피지는 양쪽 면에 글을 쓸 수 있었습니다. 이것은 대단한 강점이었죠. 그러나 이러한 우수성에도 불구하고, 양피지가 파피루스의 자리를 완전히 차지하는 데에는 오랜 시간이 걸렸습니다. 양피지는 아주 고급 재료였고, 한 작품이 서점에 들어오면 서점상은 작품을 양피지 보다 가격이 저렴한 파피루스를 사용하여 복사본을 만들었습니다. 그래서 처음 작가들이 밀랍 위에 쓴 여러 작품들은 양피지로 복사되어 각 나라의 서점에 전달되었지만, 사람들은 파피루스 두루마리로 작품을 접했고, 여전히 일반 사람들에게는 파피루스가 양피지보다 더 익숙한 존재였습니다.

하지만, 곧 이집트의 공장들은 파피루스 생산량을 점점 줄였습니다. 그리고 이집트가 아라비아인들에 의해 정복당했을 때, 유럽

국가에 파피루스의 수입이 완전히 중지되었죠. 그렇게 양피지는 파피루스와의 자리다툼에서 승리를 차지했습니다.

하지만 승리한 양피지의 앞길은 그리 영광스럽지 못했습니다. 대로마제국은 몇 백 년에 걸쳐 북쪽과 동쪽에서 내려온 게르만족에 의해 무너졌죠. 끝나지 않는 전쟁은 한때 풍요로웠던 로마를 황무지로 만들었습니다. 매년 교육을 받은 사람들의 수는 물론이고 심지어 글을 읽을 수 있는 사람들의 수조차 줄어들었습니다. 그 시기에 양피지는 책을 만들 때 사용하는 단 하나의 재료가 되었지만, 양피지 위에 글을 쓸 학자조차 거의 남아있지 않았습니다.

로마 서적상을 위해 책을 복사했던 넓은 작업실은 폐쇄된 지 오래였죠. 길을 잃기 쉬운 아주 깊은 숲 속과 황량한 계곡에 위치한 수도원의 이곳저곳에서만 그들의 영혼의 구원을 위한 책을 복사하는 수도승들을 볼 수 있었습니다. 그의 방에서 등받이가 높은 의자에 앉은 수도승은 공들여서 성 세바스찬의 삶을 손으로 복사했습니다. 그는 서두를 필요가 없었죠. 종이에서 수도 없이 펜을 중지하여, 완성하는 시간이 늦어지는 일은 수도승에게 큰 걱정거리가 아니었습니다. 오직 그가 관심이 있는 일은 모든 글자를 아주 조심스럽고 정확하게 쓰는 일 뿐이었죠. 수도승들은 뾰족하고 끝이 쪼개진 갈대나 깃펜을 사용했습니다. 거위나 까마귀의 깃털로 만들어진 펜이 이 시대의 보편적인 도구였습니다.

잉크 역시 로마인들이나 이집트인들이 사용하던 것과는 많이 달랐습니다. 가죽에 스며들어 지워지지 않는 양피지를 위한 특수 잉크가 개발되었죠. 이 특수 잉크는 현재도 많이 사용하는 오크나무 수액, 녹반, 송진, 또는 아라비아고무로 만들었습니다.

양피지에 글을 옮겨 적는 수도승

오크나무 수액은 한 때 "잉크 열매"라고 불렸고, 어떤 사람들은 이 오크나무 수액이 잉크 나무에서 자라는 것으로 생각했습니다. 물론, 잉크나무 같은 건 존재하지 않았죠. 이 "잉크 열매"는 열매가 아니라 뽀루지나 여드름 같은 혹으로, 때때로 나무껍질이나 잎, 그리고 오크 나무의 뿌리 등에서 발견되었습니다. 오크나무 수액은 녹반용액(아름다운 초록색 결정들은 황산에 철을 용해시키면 얻을 수 있었죠)과 섞였습니다.

막 종이가 발명되었을 시기의 오래된 러시아 자료에는 다음과 같은 잉크 만드는 방법이 적혀있었습니다.

"라인산 포도주에 잉크 열매를 담그고, 햇볕에 말리거나 난로에 올려라. 그 후 잉크 열매가 담긴 라인산 포도주를 옷감에 걸러내어 잉크 열매를 짜낸다. 이 용액을 병에 담아, 녹반과 밀가루를 더한 후에 따뜻한 곳에서 며칠 숙성시키되 간간히 수저로 저어주면 아주 좋은 잉크를 얻을 수 있다."

"만약 펜으로 종이에 글을 썼을 때 잉크가 충분히 검은색을 띠지 않는다면, 분말 수지를 추가하도록 해라. 그 후에는 무엇이든 여러분이 원하는 것을 쓰기만 하면 된다."

이 같은 초기의 잉크는 우리가 사용하는 현재의 잉크와 한가지의 특이한 차이점을 가지고 있었습니다. 처음 잉크를 사용하여 글을 쓰면 잉크의 색이 아주 옅지만 약간의 시간이 지나면 점점 색이 진해졌죠. 현재의 잉크는 그 점을 보완하기 위해 약간의 염료를 집어넣었고, 현재의 잉크는 초기와 달리 책을 읽는 사람뿐만 아니라 책을 쓰는 사람들도 볼 수 있게 되었습니다.

양피지 책을 만드는 모습

잉크에 대한 이야기를 하느라 우리의 수도승에 대해서 잊고 있었군요. 수도승들은 글을 쓰기 전에 아주 조심스럽게 양피지 위에 선을 그었습니다. 이 때 수도승들은 지금 우리가 잘 알고 있는 연필의 선조 격인 흑심을 사용했죠. 먼저 수도승은 양피지의 한 면에 여백을 나타내기 위한 선을 긋고 아주 약하게 한 면을 가로지르는 곧은 가로선을 그렸죠. 흑심은 매우 약한 자국을 남겼지만 선을 긋기에는 충분했습니다. 그 일이 모두 끝나면 수도승은 기도를 하며 첫 줄을 쓰기 시작했습니다. 만약 수도승이 그림을 그릴 수 있다면 수도승은 첫 문장의 첫 단어를 큰 대문자로 그렸습니다. 간단한 "S"의 자리에 수도승은 두 마리의 수탉이 싸우는 그림을 그렸죠(그림처럼 말이에요).

필사를 하는 사람들 중에는 한 챕터의 머리글자를 장식하기 위해 하나의 그림을 그렸는데, 가끔은 아주 이상한 괴물들을 그리기도 했습니다. 그 중엔 사람의 머리를 가진 사자, 물고기 꼬리를 가진 새, 전설적인 동물들도 있었습니다. 이러한 장식문자들은 검정색이 아니라 빨간색, 녹색, 그리고 파란색으로 색칠되었습니다. 그래서인지 러시아인

들은 여전히 문단의 첫 번째 행을 "레드 라인"이라고 부르고 있습니다. 이제 모든 책들의 글자가 모두 검은색인데도 말이에요.

그 외에 또 하나의 차이점이 있습니다. 우리는 "레드 라인"을 전체 여백을 보고 결정하지만, 중세시대의 서기들은 이와 반대로 레드 라인을 먼저 설정한 후에 나머지 문단을 썼습니다. 그래서 그 페이지의 다른 행보다 레드 라인이 더 길었죠.

수도승이 글자를 그리지 못해 빈칸으로 남겨 놓거나(후에 다른 사람이 글자를 그려 넣을 수 있도록 말이죠) 첫 글자를 그리고 난 후 우리의 수도승은 아주 느리게 성경의 한 구절, 한 구절을 필사했습니다. 그는 서두르는 법이 없었습니다. 어떤 실수도 하고 싶지 않았거든요. 그 시대의 책은 모두 라틴어로 쓰여 있었으며, 몇몇의 사람들만이 그 언어를 이해할 수 있었습니다. 전혀 알지 못하는 단어들을 옮겨 적다보면 실수를 하는 것이 다반사였고, 그래서인지 중세의 필사본에서 우리는 아주 많은 실수들을 볼 수 있습니다.

필사자는 문자 사이를 아주 가깝게 기록했습니다. 양피지는 비쌌고, 필사자는 이를 최대한 아껴 써야 했죠. 알다시피, 송아지 가죽을 이용해 두꺼운 책을 만들기 위해서는 많은 송아지 떼가 필요했습니다. 때때로 독실한 신도들은 수도원에 양피지를 예물로 바쳤습니다. 노상강도짓으로 수많은 금을 얻은 기사들이나 바다를 건너는 긴 여정에서 무사히 돌아온 상인, 수도원의 수호성인인 성 세바스찬에게 기도 하러 온 부유한 귀족 등이 바로 양피지를 예물로 바쳤습니다. 필사자는 공간을 경제적으로 활용하기 위해서 많은 단어를 줄여 썼습니다. 예를 들어, people(사람)은 *pp*로, Jerusalem(예루살렘)은 *lm*으로 쓴 것처럼 말이에요.

그는 몇 주, 몇 달 혹은 그 이상 계속해서 작업을 했습니다. 그는 1년에 최소한 500쪽의 책을 필사했습니다. 그는 그의 작품으로 인해 등이 휘는 아픔을 겪었고, 피곤함에 눈물을 흘렸지만 자신의 몸을 아끼지 않았습니다. 그가 글을 쓰는 동안 성 세바스찬은 천국에서 그를 굽어보며 수도승이 갈대 펜으로 얼마나 많은 문자들을 수려하게 썼는지, 그리고 얼마나 많은 문장을 마치 밭고랑처럼 한 페이지에 걸쳐 공을 들여왔는지 알고 있을 테니까 말이죠. 모든 빛나는 문자들은 하나 이상의 죄에 대한 면죄부이자 속죄였으며, 겸손한 수도승은 많은 죄를 그의 탓으로 돌렸습니다. 그가 기도를 부지런히 하지 않는다면, 불타는 용광로 또는 지옥에 갈 것이었죠. 바로 악마의 손아귀로 말입니다.

한 시간이 두 시간과 같았습니다. 그는 자신의 허리를 펴고 오랜 시간 쉬고 싶었습니다. 그러나 이것은 악마가 그에게 속삭이는 사악한 꼬임이었습니다. 모든 인간은 수많은 악마에 둘러싸여 있습니다. 얼마 전 한 수도승은 다른 수도승에게 자신의 눈으로 쥐의 주둥이와 긴 꼬리를 가진 악마 무리를 보았다고 말했습니다. 악마들이 하는 유일한 일은 경건한 일을 방해하는 것입니다. 그의 손을 밀쳐 잉크통을 넘어뜨리고 종이의 정 중앙에서 춤을 추는 것이지요.

마침내 책이 완성되었습니다. 훈트오기누스(Hundoginus) 형제에게는 이 페이지가 초원을 가득채운 꽃들처럼 사랑스럽게 보였습니다. 선명하면서도 붉고 푸른 글씨들은 모든 페이지에서 눈에 띄었습니다. 그 책에 얼마나 많은 노력이 소요됐는지 말이에요! 잠 못 드는 여러 밤, 훈트오기누스 형제는 딱딱한 침대에서 일어나 촛불을 밝히고 자리에 앉아 계속해서 작업을 했습니다. 바람은 작은 창을 덮고 있는 덧문 위에서 울부짖었고, 누군가는 수도원 묘지에서 신음하고 비명을 질렀으며, 거위의 깃털로 만든 펜은 삐거거렸습니다. 그렇게 한 줄 한 줄이 양피지의 노란 페이지에 걸쳐 쓰였습니다. 그의 차례가 되었을 때, 즉, 악마와 성 베드로가 죄 많은 수도승의 영혼을 가지고 논쟁을 벌일 때, 이 책을 위해 지새웠던 모든 잠 못 들던 밤들과 그가 쓴 모든 문장들이 헤아려질 것이며, 그를 명예롭게 할 것이었습니다.

훈트오기누스는 마지막으로 그의 펜을 잉크에 담구고 글을 썼습니다. 영광스러운 순교자이시여, 성 베드로의 위대한 기적을 이 책에 기록한 죄 많은 수도승인 훈트오기누스를 기억해주십시오. 여러분은 나를 천국으로 인도 할 수 있으며, 나의 죄로부터 나를 자유롭게 할 수 있습니다.

그러나 그 다음 세기부터는 거룩한 수도회의 구성원이기도 한 필사자들이 고용되었습니다. 옛날부터 그들 자신에 관한 몇 줄의 이야기로 책을 끝맺는 것이 필사자들의 관습이었습니다. 그들은 필사를 경건한 일로 여기면서도 동시에 자신들의 일에 대한 속세의 보상을 요구하는 것을 잊지 않았습니다. 여기 독실한 노인이 그의 책을 끝맺으면서 다음과 같이 기록하고 있습니다.

"그리스도의 탄생 이후 1745년, 세인트 토마스(St. Thomas)의 성일 후 12일째가 되던 날, 이 기도 책은 대도시 취리히 시민인 리히텐슈타인의 요하네스 허버트(Johannes Herver of Lichtenstein)의 손에 의해 작성되었습니다. 이 기도 책은 푸스나크(Fussnach)의 통치자인 내 동생 마틴(Martin)이 그의 아버지와 어머니 그리고 그의 가족과 동료 시민의 영혼을 구원하기 위해 명령하여 만들어진 것입니다. 이 기도 책의 가격은 52 길더(guldens)입니다. 필사자를 위해 기도해 주십시오."

어떤 필사자는 자신이 필사한 책 끝에 다음과 같이 2행으로 이루어진 시로 끝맺습니다.
"여기 완성된 책이 있어! 더 이상 말이 필요 없지.
이제 필사자에게 임금을 줘!

또는,
드디어 책이 완성됐어! 생각건대,
필사자에게 술 한 잔을 위한 값을 줘야 할 시간이야."

오랜 양피지 책이 무엇처럼 보이나요? 그것은 일반적으로 튼튼한 두 개의 판으로 묶여있는 한 권의 책으로 외부에는 가죽으로 덮여있고, 내부에는 줄이 그어진 천으로 이루어져 있습니다. 책등은 장식 구리를 이용해 책보다는 금고처럼 보이게 꾸몄습니다. 그 책은 뒤틀림을 방지하기 위해서 필요한 구리 걸쇠와 자물쇠를 하고 있습니다.

그것은 훌륭한 모로코 양단 또는 벨벳으로 만들어지고, 금과 은으로 이루어진 밴드와 걸쇠, 상감 장식이 된 보석으로 되어 있어 값비싸게 제본을 하였습니다. 이 사치스러운 책은 왕이나 왕자를 위해 만들어진 것으로 제본뿐만 아니라 모든 페이지에 금, 은, 보석들이 반짝이고 있습니다.

양피지로 만든 가죽 책

우리에게 전해오는 많은 책들은 보라색으로 염색된 양피지로 만들어졌으며, 금빛과 은빛 글자가 새겨져 있었습니다. 시간이 지나면서 밝은 보랏빛은 흐려지고, 은빛은 검은색으로 바뀌졌습니다. 그러나 이런 책들은 분명히 한 때에는 해질녘 하늘처럼 반짝이며 빛났을 것입니다.

이 크고 아름답고, 우아하게 엮인 책은 한 사람에 의해 만들어진 것이 아니라 6,7명의 공동 작품이었습니다. 한 명은 대충 가죽을 벗기고, 다른 이는 경석을 이용해 가죽을 닦습니다. 세 번째 사람은 글을 썼고, 네 번째 사람은 장식문자를 꾸몄죠. 다섯 번째 사람은 아주 섬세한 그림을 그렸고, 여섯 번째 사람은 실수가 있는지 글을 확인했으며, 마지막으로 일곱 번째 사람은 제본을 함으로써 비로소 그 책이 완성되었죠. 그러나 때로는 다른 누군가의 도움 없이 한명의 수도승이 송아지 가죽을 벗기고, 이를 아름답고 멋진 작품으로 변화시키기도 했습니다.

제11장

종이와 정복자

파피루스가 양피지에게 시대를 양보했던 것처럼, 양피지는 마침내 중국인들이 발명한 종이에게 자리를 양보했습니다. 약 2000여 년 전 유럽에서 그리스와 로마가 여전히 이집트의 파피루스에 글을 쓰던 때에 중국은 이미 종이를 만드는 법을 알고 있었습니다.

그들이 종이를 만들기 위해 사용했던 재료는 식물의 한 종류인 닥나무 섬유와 오래되고 해진 천이었습니다. 그들은 이러한 재료를 절구에 넣고 갈아 펄프를 만든 후 그것을 물과 함께 섞었습니다. 그런 다음 펄프를 틀에 넣어 종이를 만들었습니다. 중국인들은 대나무 토막과 비단을 거미줄처럼 엮은 통발 틀을 사용했죠. 그들은 약간의 펄프를 이 틀에 붓고, 섬유가 함께 뒤엉켜서 고르고 납작한 판 모양이 만들어질 수 있도록 사방으로 흔들었습니다. 그러면 물은 거미줄처럼 엮은 그물 사이로 빠져나가고 오로지 마른 종잇장만이 남게 됩니다. 이 종잇장은 햇빛에 건조시키기 위해 조심스럽게 틀에서 떼어져 판 위에 넓게 펼쳐졌습니다. 중국인들은 여전히 이런 수작업을 통해 종이를 만들고 있습니다.

Chinese Making Paper by Hand
중국에서 수작업으로 종이를 만드는 모습

중국인들은 아주 훌륭한 사람들입니다! 종이 발명부터 책들, 자기 꽃병까지 그들은 항상 놀라울 정도의 인내심과 독창성을 보여주었습니다. 중국에서 판매하는 손전등이나 부채, 거리에 있는 전등 갓(lamp shade)을 볼 때마다 도자기, 그림, 화장품 파우더, 종이 등의 발명품은 중국이 유럽 국가를 앞질렀다는 사실을 떠올리게 하죠.

종이가 아시아에서 유럽으로 건너오기까지 많은 시간이 걸렸습니다. 그 과정은 이렇습니다. 704년에 아랍인은 중앙아시아에 있는 사마르칸트(Samarkand)를 정복하였습니다. 그들은 다른 전리품과 함께 그 곳으로부터 종이 만드는 비법을 가져왔습니다. 아랍인은 시칠리아(Sicily), 스페인(Spain), 시리아(Syria)를 정복하고, 그곳에 종이공장을 세웠습니다.

종이 만드는 장비와 제지공장이 유럽에 나타나기까지는 수세기가 걸렸습니다. 13세기에 독일, 프랑스, 이탈리아에는 그러한 종이 공장이 존재했습니다. 무역을 위해 노브고로드(Novgorod)[2] 도시에 온 독일 상인은 러시아로 이탈리아 제조업자의 종이를 가져왔습니다. 하지만 후에 러시아 역시 모스크바에서 30 베르스타(verst)[3]정도 떨어진 칸니노 마을에 "종이 공장(paper mills)"을 세우게 되었죠.

그렇게 종이는 마침내 중국에서 사마르칸트, 시리아, 이탈리아, 독일을 거쳐서 러시아에 도달하게 되었습니다. 거의 전 세계를 거친 것이나 다름없었죠. 이러한 이동 중에 종이를 만드는 재료에 변화가 생겼습니다. 유럽에서는 종이를 오래된 헝겊 조각으로 만들기 시작했습니다. 처음에 사람들은 종이의 가치를 알지 못했습니다. 그들은 단지 오랫동안 보존할 필요가 없는 것들만 종이 위에 작성하였으며, 책을 만드는 데에는 여전히 양피지를 사용했습니다.

---

[2] 노브고로드 : 러시아 연방 공화국 서부에 있는 도시
[3] 베르스타 : 러시아의 옛 거리 단위로 1.067km

제11장 **127**

하지만 종이는 점점 더 양피지의 자리를 차지해 갔고, 사람들은 더 강하고 좋은 종이를 만드는 방법을 알게 되었습니다. 간혹 어떤 사람은 종이로 책을 만들려고 시도하였습니다. 내구성을 높인다는 이유로 그는 한 장은 양피지로 한 장은 종이로 책을 만들었습니다. 또 다시 수세기가 지나자 양피지 책은 보기 힘들어졌죠.

양피지 책이 드물어진 것은 당연한 일입니다. 지금은 옛날처럼 교육받은 사람이 수도승만 있는 것은 아닙니다. 온 곳에 학교와 대학교가 생겨났고, 배움을 갈망하는 청년들은 대학이 있는 도시로 몰렸습니다. 파리의 학생들은 세느강 좌측을 전부 차지하였고, 이 곳은 여전히 "라틴쿼터(Latin Quarter)[4]"라고 불리고 있죠. 이러한 시끄럽고 명랑하며 가난한 모든 이들은 책과 공책을 모두 가지고 있어야 했습니다. 어떻게 가난한 학생들이 양피지를 살 돈을 벌 수 있었겠어요? 그래서 사람들은 공부하는 어린 친구들에게 양피지보다 값싼 종이책을 제공하기 시작했습니다.

그리고 그 시기의 책들은 독실한 수도승에 의해 쓰여 진 것이 아니라 도전적인 학생들에 의해 쓰였습니다. 한 학생은 글을 아름답게 쓰거나 읽기 쉽도록 쓰는 데에 관심이 없었습니다. 그는 첫 글자를 익살맞게 혀를 내민 못생긴 얼굴과 그들의 교수를 희화한 배가 나온 작은 동물로 장식하였죠. 그는 책을 존경하는 마음이 거의 없었습니다. 그의 교과서 여백에 그는 못생긴 얼굴을 그

---

4) 라틴쿼터(Latin Quarter) : 라틴구(區). 파리의 세느 강변에 위치한, 학생이나 미술가 등이 많이 있는 한 구역.

렸고, "허튼소리", "말도 안 돼", "거짓말하고 있어" 등과 같은 버릇없는 글을 그림 아래에 적었습니다. 저 학생 좀 보세요! 그는 집에 있는 작은 다락방에 앉아서 글을 쓰고 있는 중입니다. 그의 앞에는 테이블의 구멍에 꽂혀진 뿔 모양의 잉크통과 연기를 내뿜는 석유램프, 몇 개의 거위 깃펜이 세워져 있습니다. 늦가을이지만 그의 방 안에는 어떤 온기도 찾을 수 없습니다. 어젯밤 학생들은 육지에 정박한 바지선에서 몇 개의 나무토막을 훔치려고 했으나, 잘 훈련된 야간경비원에게 붙잡히고 말았죠. 그가 집에서 먹을 만한 것이라고는 맛없는 빵 껍질과 물 한주전자가 전부였습니다.

A Student at Work Copying
복사본 책을 베끼고 있는 학생

그는 마르고 누더기를 걸친 수도승처럼 보입니다. 그의 삭발에 가까운 짧은 머리는 그가 기초교육을 끝냈다는 것을 보여줍니다. 하지만 그의 머리를 제외하고는 그에게서 수도승의 어떤 것도 찾아보기 힘듭니다. 그의 얼굴에 있는 상처와 멍은 아마도 어느 구둣가게의 장인과 최근에 싸움을 벌였다는 것을 보여주고 있죠.

학생의 삶은 고난의 연속이었습니다. 처음 수도원 학교는 자로 그의 손가락 마디를 때리고 사사건건 꼬투리를 잡았습니다. 그 후 그는 순회교사로서 한 지역에서 다른 지역까지 온 나라를 떠돌아야 했습니다. 때때로 그는 적은 돈을 받기도 했지만, 주로 굶주린 채 길가의 도랑에서 밤을 보내거나 농부의 오두막에서 자고 있는 닭을 훔치기도 했죠. 후에 종루에서 그는 휴일에 교회로 사람들을 부르기 위해 6개월 동안 종을 쳤었습니다. 마지막으로 그는 대학이 있는 큰 도시를 들렀습니다. "키 큰 교황(long pope)"이라는 별명을 가진 고향친구는 모임에 그를 데려갔고, 배웠던 모든 과목에 대해 격렬한 토론을 하며 한바탕 술판을 벌였습니다. 이 모든 것 중에 가장 최악은 그의 주머니에는 지불할 돈이 없다는 것이었죠. 가끔 그는 자신의 이웃에 살고 있는 일부 시민을 위한 미사 경본 또는 시편을 필사하는 등의 소일거리를 했습니다.

꼬리에 꼬리를 무는 수많은 생각들이 그 학생의 마음을 가득 채웠습니다. 그의 손은 종이 위에서 느릿하게 움직입니다. 그의 머리는 책상 위로 곤두박질치고, 규칙적으로 코고는 소리가 종이 위에 펜으로 휘갈겨 쓰는 것을 대신하고 있습니다. 작은 램프는 연기를 내뿜고, 방의 벽을 그을음으로 검게 만들고 있습니다. 뻔뻔스러운 쥐들은 방 안을 쏘다니며, 방구석에서 찍찍거리며 울고 있습니다. 쥐들은 학생들의 다음 날 저녁식사인 빵 껍질을 찾아다니고 있죠. 하지만 그는 그 어떤 것도 듣지 못하고 있습니다. 그저 잠에 빠진 채 내년에 입기를 바라는 학사모를 착용하는 꿈을 꾸고 있을 뿐이죠.

하지만 같은 시간에 독일의 마인츠(Mainz) 도시에서 구텐베르그(Johann Gensfleisch of Gutenberg)는 그가 전에 인쇄했던 최초의 책을 찾고 있는 중이었습니다. 그 책은 인쇄기로 인쇄된 최초의 책이었죠. 사실, 그 인쇄기는 대문자를 가지고 있지 않았습니다. 따라서 노련한 필사자가 대문자를 쓰고, 문장의 나머지 부분은 인쇄기로 인쇄하였죠. 문자의 형태나 글의 배열에서 인쇄된 책은 필사자가 쓴 것처럼 보였습니다. 지금까지 어떤 사람도 한눈에 그 차이를 알아보지 못했죠. 읽기 쉬운 검은 문장들은 행군을 하는 군인들처럼 일렬로 늘어서있었습니다. 몇 세기 만 지나면 전 세계에서 책을 필사하는 사람은 단 한 명도 남아있지 않을 것입니다. 책은 이제 가난한 학생이나 독실한 수도승에 의해 필사되는 것이 아니라 철강 거인인 인쇄기에 의해 복사될 것이기 때문입니다.

인쇄기의 발명은 종이의 수요를 더 증가시켰습니다. 매년 더 많은 책들이 인쇄기에서 나와 서점에 도착하였습니다. 결국 종이를 만드는데 필요한 재료인 오래된 천이 부족해졌고, 이를 대체하기 위한 다른 재료를 찾아야만 했죠. 많은 연구 끝에 그들은 나무를 사용해 종이를 만들 수 있다는 사실을 발견했습니다. 오직 높은 등급의 종이만이 오래된 천을 이용하여 만들어졌죠. 우리가 사용하는 풀스캡 판 종이(foolscap paper)[5], 신문지, 포장지와 같은 모든 것은 나무를 재료로 하여 만듭니다.

Gutenberg Printing His First Book
쿠텐베르크의 인쇄술로 책을 만드는 모습

종이는 오래된 천과 나무로 만든 것처럼 보이지 않습니다. 하지만 그들 사이에는 놀라운 유사점이 존재합니다. 부러진 성냥과 천 쪼가리에서 나온 실을 잘 보세요. 그러면 여러분은 그것들이 매우 촘촘한 섬유로 이루어져 있다는 것을 알 수 있을 것입니다.

---

[5] 풀스캡판 종이(foolscap paper) : 약 13x16인치 크기의 대형 인쇄용지

종이를 구성하는 것은 바로 이 섬유입니다. 종이의 작은 조각을 떼서 가장자리에 빛을 비춰본다면 여러분은 이러한 사실을 쉽게 알 수 있을 것입니다. 종이를 제조하는 과정은 두들김, 오래된 천과 나무를 섬유로 분리하는 것, 모든 수지, 기름, 먼지를 제거하는 것과 섬유질을 얇게 종이의 각 층처럼 분리하는 것으로 이루어집니다. 각각의 과정은 어떻게 이루어질까요? 이 이야기를 처음부터 시작해보겠습니다. 어떤 주부들은 세월이 흐름에 따라 헤지기 시작하는 오래된 셔츠를 버립니다. 다음날 헌옷을 수거하는 사람이 그것을 주워가죠. 그는 그가 창고에 수집해 놓은 다른 헌옷과 주워온 헌옷을 함께 모아놓습니다. 그리고 그곳에서 가져온 모든 헌옷들을 한 곳에는 린넨, 다른 곳에는 면, 또 다른 곳에는 혼합된 것으로 분류합니다. 그런 다음 그것들을 모두 가방에 담아 공장으로 보내죠.

그곳에서 헌옷들은 먼저 모든 질병의 세균들을 없애기 위해 삶아집니다. 헌옷들이 더러운 지하실, 병원, 쓰레기 더미 등 온갖 곳에서 온 것이기 때문이죠. 이러한 작업을 마친 후에 헌옷을 다리고, 모든 먼지를 털어냅니다. 공장 안에는 이러한 작업을 위한 특별한 기계가 있는데, 이 기계를 사용하면 하루에 수천 파운드의 헌옷을 깨끗하게 할 수 있습니다. 만약 막대기와 손으로 했었더라면 엄청난 먼지구름이 일어났겠죠! 깨끗해진 헌옷은 분쇄기에 던져지고, 작은 조각으로 찢어집니다. 이제는 모든 오염물질로부터 벗어나야 할 때가 됐습니다. 작은 조각으로 찢어진 헌 옷들은 큰

솥에 담겨 잿물 또는 라임과 함께 끓여졌습니다. 그 헌옷들은 표백되고, 특별한 기계를 통해 펄프로 분쇄됐죠.

지금까지 종이가 만들어지는 절반의 과정이 끝났습니다. 헌옷은 아주 작은 섬유로 구성된 펄프로 나누어집니다. 가장 어려운 부분은 아직 시작도 하지 않았습니다. 종이 펄프를 종이로 만들기 위한 틀을 제작하는 것이 남아있기 때문이죠. 이것은 큰 기계에 의해 이루어집니다. 정말 커다란 기계 하나라기 보다는 여러 개의 작은 기계로 구성되어 있죠. 종이펄프가 한 곳으로 들어가면 다른 곳에서 완성된 종이가 나옵니다. 제일 먼저 펄프는 바닥에 체가 있는 모래 상자로 이동합니다. 펄프가 이 상자를 지나는 동안 그 안에 있는 모래는 바닥에 가라앉아 있죠. 그 후, 펄프는 구멍이 뚫린 원통 모양의 거름망으로 들어갑니다. 그 통은 계속해서 휘저어지죠. 굵기가 큰 매듭과 덩어리는 통 안에 남아있지만 깨끗한 펄프는 구멍을 통해 빠져나가 그물 위에 놓입니다. 그 그물은 앞에서 이미 언급했던 중국인들이 수작업으로 작업하는데 사용하는 그물이죠. 그 그물은 반드시 손으로만 저어야 하는 것은 아닙니다. 벨트처럼 두 개의 롤러에 걸쳐 있고, 펄프를 앞으로 이동시키며 계속해서 롤러의 주변을 따라 이동하죠.

최종적으로 젖은 종잇장은 그물에서 롤러를 덮은 기다란 천 사이를 통과합니다. 내부의 증기에 의해 안이 가열된 롤러는 물이나 불순물들을 짜내고 여전히 젖어있는 종이를 건조시키죠. 가장 마지막에는 필요한 크기로 종이를 잘라주는 칼이 있습니다.

이러한 모든 과정을 이야기하는 동안, 여러분은 아마도 지루함을 느꼈을 것입니다. 하지만 여러분이 이 과정을 직접 본다면, 지루하지 않았을 것이라고 확신합니다. 거대한 방의 끝에서 끝까지 펼쳐진 기계를 상상해보세요. 사람들은 거의 없지만, 아직 작업을 중지한 것이 아니고 최고의 속도를 내고 있는 중입니다. 그 기계는 하루에 종이를 20만 파운드 이상을 생산하는 기계입니다. 이 기계의 그물은 필라델피아(Philadelphia)에서 해리스버그(Harrisburg)까지의 거리를 하루 만에 이동합니다.

나무로 만들어진 종이 역시 동일한 방식으로 생산됩니다. 하나의 차이점은 작업의 첫 번째 부분입니다. 목재는 오래된 천과 다릅니다. 앞서 설명한 기계와는 다른 방법을 사용하여 섬유를 이물질에서 분리해야 하죠. 종이를 만드는 과정을 다시 살펴볼까요? 숲에서 전나무가 자랍니다. 겨울에 전나무들은 톱으로 잘라지고, 날카로운 윗부분과 푸른 나뭇가지들이 쳐진 후, 썰매를 이용하여 커다란 나무들을 강 위로 옮깁니다. 봄이 오면 강 위의 얼음이 녹고, 통나무채로 강의 상류에서 더 넓은 하류로 떠내려 보냅니다. 통나무는 뗏목으로 만들어지고, 쾌활한 뗏목을 만드는 사람은 그것을 하류로 향하도록 조종하죠. 매일같이 이와 같은 작업이 계속됩니다. 저 멀리에 종이공장의 굴뚝이 보입니다. 그들은 통나무를 물에서 강변으로 끌어내죠.

그곳에서 통나무의 고난이 시작됩니다. 먼저 그들은 그것의 껍질을 벗기고 그런 다음 조각으로 잘게 다집니다. 다음에 체에 걸러 고른 다음에 마지막으로 끓입니다. 나무는 헌옷처럼 잿물에 넣고 끓이는 것이 아니라 산을 넣고 끓여지죠. 그 후 나무들은 헹궈지고, 섬유질로 분리되고, 매듭이 제거되며, 마지막으로 큰 종이 기계의 그물에 도달하게 됩니다. 기계에서 기계로 지나가는 동안 전나무는 마침내 종이가 됩니다.

종이는 모든 곳에 사용됩니다. 종이가 가지고 있는 한 가지 약점은 바로, 내구성이 뛰어나지 않다는 것입니다. 이 결점은 표백 과정에 의해 생겨난 것입니다. 부식성이 강한 표백 라임 용액에 종이를 담가 표백시키기 때문이죠. 순수한 천으로 만들어지지 않은 종이는 점점 더 부식되어가고, 누렇게 변할 것입니다. 우리의 책은 지금부터 수 천 년 뒤의 사람들에게까지 전달될 수 있을까요? 아마도 일부 중세 수도승에 의해 양피지에 쓰인 필사본들은 가장 완벽한 인쇄기에 의해 인쇄된 우리 책보다 오래 갈 것입니다.

우리의 종이는 처음 책이 인쇄되었던 것에서 많이 달라진 것처럼 우리의 펜 역시 고대에 사용된 것과는 많이 달라졌습니다. 펜이라는 이름만 동일할 뿐이죠. 이런 일들은 아주 흔하게 일어나는 현상입니다. 단어는 의미하는 물건들보다 더 오래 살아남기 때문이죠. 예를 들어, "주머니 칼(Pen knives)"은 현재 연필을 깎기 위해 사용되지 않습니다. 얼마 전에 우리는 볼펜의 백주년을 맞아 축하하였습니다. 1826년에 메이슨(Mason)은 펜을 몰아내기 위한 기계를 발명하였습니다. 이 기계로 만들어진 펜들은 한때 아주 널리 쓰였고, 수세기동안 인류에게 오랫동안 기여했던 깃펜을 몰아내었죠.

The Goose Feather Pen
거위 깃털로 만든 펜

　우리의 중조부모가 여전히 깃펜을 사용하는 것이 이상하게 보일지도 모릅니다. 런던의 플리트 스트리트(Fleet Street)6)에 아침부터 밤까지 법정에서 펜을 사용하는 바쁜 사무원이 있었던 것은 오래전의 일이 아닙니다. 이것은 매우 피곤한 작업이며 많은 연습을 필요로 합니다. 펜은 적절한 각도로, 날카롭게 쪼개져야 했죠. 이 작업은 연필을 날카롭게 만드는 것보다 훨씬 어려운 일이었습니다. 금속 펜이 출현하기 얼마 전에, 한 발명가는 거위 털로 만들어졌으며, 펜대에 끼워 사용하는 작은 펜을 발명했습니다. 즉, 펜 대는 금속 펜의 발명전에 나타났으며, 여러 분이 상상했던 것처럼 금속 펜과 함께 나타난 것이 아닙니다.

---

6) 플리트 스트리트 : 과거 많은 신문사가 있던 런던 중심부 ; 영국 신문업계

연필은 펜보다 약 백 살 정도 더 나이가 많습니다. 프랑스인 콩트(Jacques Conte)는 그라파이트 분말(graphite powder)과 점토를 혼합하여 연필을 만든 최초의 사람입니다. 점토는 연필이 잘 부러지지 않도록 해주었습니다. 나무에 작은 구멍을 파고 그라파이트 분말을 그 속에 채워 넣었습니다. 구멍에 들어맞는 작은 나무판으로 그 위를 덮어 두 개의 나무판을 서로 붙였습니다. 그리고 난 후 대패기계를 사용하여 6각형 모양으로 만들었습니다. 이 과정이 끝나고 난 뒤에는 만들어진 6각형의 연필들을 광을 내고, 박스에 포장하기만 하면 되었답니다.

연필과 금속 펜은 그 이전에 존재했던 스타일러스나 깃펜보다 오래가지 않을 것 같습니다. 타자기는 이미 많은 상황에서 펜을 몰아냈죠. 그리고 예상하건데, 아주 가까운 시일 내에 모든 학생들이 그들의 주머니에 작은 타자기를 가지고 다니게 될 것입니다.

책의 운명

"모든 책은 그 나름대로의 운명을 가지고 있다."라는 라틴어 속담이 있습니다. 책의 운명은 사람의 운명과는 다른 측면이 있습니다. 그 예로, 그리스의 시인 앨크맨(Alcman)의 작품을 볼 수 있습니다.

미라를 만드는 모습

이 파피루스 두루마리는 가장 이상한 방식으로 우리에게 전해져 내려왔습니다. 이것이 파묻혀 있지 않았더라면 오래 전에 사라졌을 것입니다. 이것은 사람이 매장되는 것과 같이 매장되었습니다. 고대 이집트인들은 무덤에 미라(방부 처리된 사람의 몸)와 그의 저서와 책을 함께 묻는 풍습이 있었죠. 수 천 년 전에 살았던 사람들의 편지와 책, 시 등은 미라의 가슴 위에 놓인 채 우리에게 전해졌습니다.

이집트의 무덤은 도서관에서 보존하는 게 불가능했던 많은 책을 보존하고 있었습니다. 이집트의 가장 큰 도서관인 알렉산드리아 도서관은 알렉산드리아가 율리우스 카이사르(Julius Caesar)의 군대에 의해 함락되었을 때 불타버렸습니다. 수 백 만권의 책이 불타버림으로서 많은 위대한 작품들이 영원히 사라져버렸습니다. 알렉산드리아 도서관 목록의 일부만이 우리들에게 전해지고 있습니다. 우리는 독자들을 울고 웃게 만들곤 했던 모든 책들의 이름만을 알고 있습니다. 마치 오래전에 죽어 잊혀진 사람들의 비석

책의 파괴

위에 새겨진 이름들처럼 말이에요.

사람들이 파괴하려 했기 때문에 오히려 구원을 받은 책들의 운명은 아주 놀라운 일입니다. 좀 더 정확히 말하면, 사람들은 책 그 자체를 파괴하기보다 그 안에 써진 글만을 파괴하려 했죠. 양피지가 매우 비쌌던 중세 시대에는 원래의 글을 칼로 긁어내고 그리스 시 또는 로마의 역사 대신 그 위에 성인들의 삶에 대해 글을 쓰고는 했죠. 또한 책에 써진 글을 긁어내는 일을 전문으로 하는 사람도 있었습니다. 현재 우리가 파괴된 책을 복원하는 방법을 찾지 못했거나 쓰여 있던 글자를 지우고 그 위에 다시 글을 쓴 양피지(palimpsests)를 찾지 못했다면 많은 책들은 이 사형집행자들의 손에 의해 사라 졌을 거예요.

잉크는 매우 깊숙이 양피지에 침투하여서, 그 어떤 제거방법으로도 모든 글들을 지울 수 없었습니다. 원고가 특정 화학 물질에 담가질 경우에는 이전에 쓰여 진 파란색의 또는 빨간색의 윤곽선이 표면에 나타나게 됩니다. 그러나 이에 대해 너무 기뻐하진 마세요. 왜냐하면 이런 과정 후에 원고는 매우 빠르게 검게 변해버리고 결국에 글자

원래의 내용을 지우고
다시 쓴 재생 양피지

는 너무 희미해져 읽을 수 없게 되어 버리거든요. 이렇게 쓰여 있던 글자를 지우고 그 위에 다시 글이 쓰여 진 양피지를 다시 되돌리기 위해서 산성을 가진 오크나무 열매를 이용하고는 했습니다. 모든 위대한 도서관에는 이처럼 긁어내어지거나 화학물질에 담가지는 등의 두 가지 죽음을 겪었던 원고들이 있습니다.

그들은 자신의 번역 실수를 감추기 위해 의도적으로 원고를 훼손하였으며 동시에, 쓰여 있던 글자를 지우고 그 위에 다시 글을 쓴 양피지를 되돌리기 위해 노력한 한 학자에 대해 이야기 했습니다.

타닌산(tannic acid)을 대신해서 그들은 최근에 오래된 글들을 짧은 시간 안에 복원할 수 있는 다른 대체물을 이용하기 시작했습니다. 오래된 글이 나타나는 동안 그들은 신속하게 사진을 찍고, 산성을 씻어냈습니다. 최근에는 다른 글로 덮여 있던 원래 글을 어떤 화학적 처리 없이도 사진에 담을 수 있게 되었습니다.

이집트 무덤이나 헤르쿨라네움(Herculaneum)과 폼페이(Pompeii)의 재속에서, 그리고 수도원의 문서 보관소에서 옛 책을 찾아낸 친구들도 있었습니다. 여기 책 애호가 중 한 명이며 베로나 도서관(Verona library)을 발견한 스키피오 마페이(Scipio Maffei)에 대한 흥미로운 이야기가 있습니다.

우리가 베로나 도서관에 대해 알고 있는 것이라고는 그 도서관이 가치있는 라틴어 원서를 소장하고 있다는 사실 뿐이었습니다. 이 내용은 마페이가 살던 때보다 이전의 베로나를 여행했던 여행자의 기록물에서 발견되었죠. 마페이가 베로나 도서관에 대해서 알고 있는 단 하나의 사실은 마빌리온(Mabilon)과 몽파콘(Montfaucon)이라는 아주 유명한 두 명의 학자가 찾아다녔으나 찾지 못했다는 것입니다. 마페이는 그들의 실패를 겁내지 않았습니다. 비록 그가 학식 있는 고문서학사도 아니고 원고 감정사도 아니었지만 그는 자신의 탐험에 열정적이었습니다. 마침내 그는 베로나에 있는 수도원의 도서관에서 이전의 학자들이 찾으려 했으나 결국 찾지 못했던 도서관을 발견했습니다. 이 도서관의 책들은 일반적인 경우와 달라서, 마페이 이전의 그 누구도 사다리를 타고 올라가 서가의 위를 찾아볼 생각을 하지 못했습니다. 무려 그 서가 위에는 아주 귀중한

현존하는 가장 오래된 라틴어 필사본의 발견

책들이 먼지를 뒤집어쓴 채로 오랜 시간 방치되어 있었는데 말이에요. 이 도서관을 발견한 마페이는 기쁨으로 인해 거의 기절할 지경에 이르렀습니다. 아주 오래된 라틴어 고서에 누워서 말이죠!

언젠가 나는 책의 모험에 대한 책을 쓸 것입니다. 알렉산드리아 도서관이 불탈 때 함께 타버린 책들에 대해, 수도원의 도서관에서 분실된 책에 대해, 종교재판의 판결로 인해 타버린 금서들에 대해, 그리고 전쟁으로 인해 훼손된 책에 대해서 말이에요.

저는 책에 대한 너무 멋진 일에 대해 이 정도밖에 얘기를 못함에 유감을 표현하면서 이 책의 마지막 장을 닫습니다.

작가 소개

일린

(М. Ильин, 영어로 M. Ilin, 1895-1953)

본명은 일리야 마르샤크, Ilya Marshak). 러시아의 젊은 엔지니어 이자 아동문학 작가로서 「새로운 러시아인의 유전형질」, 「시간이란 무엇인가? : 시계 이야기」라는 책을 썼다. 일린의 친형인 마르샤크(Marschak)는 러시아의 유명한 시인이자 스토리텔러 작가이다. 일린과 마르샤크는 과학과 역사, 러시아 인의 삶에 대해 연구하는 인협회의 회원으로서 아동 문학은 물론 공장 근로자나 부모를 위한 작품을 두루 남겼다. 이 문인협회의 회원 중에는 예술가도 있었고, 러시아 붉은 군대의 요리사도 있었다. 또한, 회원 중에는 예전에 집 없이 떠도는 노숙 어린이였던 사람도 있었다. 이처럼 다양한 체험의 소유자들이 모여서 우리가 살아가고 있는 세상에 대한 짧으면서도 감동적인 이야기를 쓰기 위해 함께 노력하였다.

생강

과연 잘할 수 있을까?
걱정하며 시작했던 영어번역이었지만,
좋은 책을 만들기 위해 친구들과 함께 노력하고
고민하면서 보람을 느끼고 한 걸음 더 성장할 수 있었습니다.
그리고 영어번역의 즐거움을 알게 되었고 우리가 함께한
겨울의 모든 시간이 저에겐 좋은 기억으로 남게 되었습니다.
현재는 예비 사서교사로서, 학생들과 소통하고 언제나 좋은
영향력을 줄 수 있는 사서교사가 되고 싶습니다.
꿈이 이루어질 수 있도록
노력하겠습니다.

다온

처음 시작할 때는
두려움도 크고 많은 걱정이 되었지만,
막상 시작해보니 아주 흥미로웠습니다.
또한, 아침, 저녁으로 모여 서로 의견을 교환하고
더 나은 결과물을 만들기 위해 노력하는 제 자신과
친구들의 모습에서 뿌듯함도 느낄 수 있었습니다.
이번 작업을 계기로 사서교사가 된다면 여러 수업
자료 및 책을 직접 만들어 수업에 활용하고 싶다는
생각을 하게 되었습니다. 어서 그런 날이 오기를 기대하며
좋은 사서교사가 될 수 있도록 노력해야겠습니다.

진아

사서교사의 꿈을 가진
친구들과 함께 번역작업의 고단함과
그 과정을 알게 된 계기가 되었고,
지치고 힘든 일보다는 즐거운 추억이 더 많이
떠오릅니다. 아직까지 미래에 대한 막연한
불안감이 더 크지만 빨리 사서교사가 되어
더 많은 경험을 쌓아가고, 만나는 모든 인연을 통해
끊임없이 배우고 성장하는 교사가 되고 싶다는
기대가 조금씩 커져가고 있는 것 같습니다.

다솜

번역을 제안 받았을 때 흥미롭기도 하고
언제 이런 경험을 해볼까 하는 생각에 번역에
참여하게 됐습니다. 번역을 하면서 내가 알지 못한
부분을 배우고 내가 아는 것을 가르쳐주며 배워가는
즐거움을 알게 됐습니다. 또한, 한 문장 한 문장이 모여
번역이 완성되었을 때 그 뿌듯함과 보람을 잊지 못할 것
같습니다. 앞으로 사서교사가 된다면 번역을 하면서 배운
것들을 경험삼아 끝까지 노력하는 자세와 배움의 즐거움을
학생들에게 알려줄 수 있는 그런 교사가
되고 싶습니다.

예슬

처음 번역을 제안 받았을 때는
정말 겁도 없이 받아들였습니다.
예상과는 달리 정말 어려운 일이더군요!
번역을 하면서 예비사서교사로서 이 책과
문자에 대한 역사를 어쩌면 어린아이에게 흥미가
떨어질지도 모르는 이야기들을 어떻게 하면 더
재미있게 전할 수 있을까 많이 고민했습니다.
이 경험들이 훗날 많은 도움이 되겠죠? 많은 도움을
준 함께 한 친구들과 조언을 아끼지 않으신
교수님께 감사함을 전하며
소감을 마치겠습니다.

종이위의 검은 문자

2016년 8월 15일 인쇄
2016년 8월 25일 발행

원 저 자 _ 일린(M. Ilin)
공   역 _ 권혜림·문진아·정다솜·정다은·최예슬
감   수 _ 이병기
펴 낸 이 _ 김선태
발 행 처 _ 도서출판 태일사 (www.taeilsa.com)
                대구광역시 중구 2·28길 26-5(남산동)
                전화 053-255-3602 / 팩스 053-255-4374
등록일자 _ 1991. 10. 10
등록번호 _ 제 6-37호

정가 15,000원

ISBN 979-11-87268-01-7   03020

• 이 도서의 무단 전재 및 복제를 금합니다.
• 파본은 구입하신 서점에서 교환하여 드립니다.